Un sentier intérieur

Introduction à la pratique bouddhiste pour les personnes en prison

Acharya Samaneti

Un sentier intérieur
Introduction à la pratique bouddhiste
pour les personnes en prison
Acharya Samaneti

Publié par Sumeru Press Inc.
Boîte Postale 75, Bureau de poste Manotick
Manotick, Ontario, Canada K4M 1A2

Édition: Brigitte Robert
Mise en page: Karma Yönten Gyatso

ISBN 9781998248-14-8

Tous les textes et photographies de ce livre ont été créés à partir de mes années d'expérience comme intervenant spirituel en milieu carcéral. Par respect et pour assurer la protection des personnes incarcérées qui ont inspiré ce livre, aucune identité n'est mentionnée. Ce livre est offert gratuitement à toutes les personnes incarcérées, en détention préventive, en libération conditionnelle, ou vivant toute autre situation entre ces étapes.

Catalogage avant publication de Bibliothèque et Archives Canada

Titre: Un sentier intérieur : introduction à la pratique bouddhiste
  pour les personnes en prison / Acharya Samaneti.
Autres titres: Inner path. Français
Noms: Samaneti, Acharya, auteur.
Description: Traduction de : The inner path : an introduction to
  Buddhist practice for those in prison. | Comprend des
  références bibliographiques.
Identifiants: Canadiana 20250234890 | ISBN 9781998248148
  (couverture souple)
Vedettes-matière: RVM: Bouddhisme. | RVM: Prisonniers
  Vie religieuse.
Classification: LCC BQ5395 .S2614 2025 | CDD 294.3/444—
  dc23

Pour plus d'informations sur The Sumeru Press,
veuillez visiter **sumeru-books.com**

Contenu

Plus >

Préface

Ce livre que vous tenez entre vos mains est le fruit de plusieurs années d'expérience comme intervenant en soins spirituels en milieu carcéral. J'ai servi et rencontré des personnes dans tous les types d'établissements de ma région : établissements à sécurité super maximale, maximale, moyenne et minimale. Au cours de mon parcours, j'ai eu le privilège de rencontrer un large éventail de personnes et j'ai été témoin de ce qu'il y a de plus admirable chez les êtres humains. J'ai vu des personnes au leurs plus bas reprendre leur vie en main et réaliser des changements incroyables – des transformations vraiment inspirantes et impressionnantes.

L'idée de ce livre me trotte dans la tête depuis longtemps, presque depuis mes débuts il y a plus de douze ans. J'ai toujours trouvé qu'il manquait un ouvrage écrit pour vous, les personnes incarcérées – un livre qui parles des réalités concrètes et des défis liés au fait de devenir bouddhiste en prison, ici au Canada. Ce livre est inspiré de mes rencontres avec vous, de vos questions, de vos réflexions, de vos besoins spirituels. Vous êtes la source d'inspiration de ce petit guide, que j'espère utile et précieux sur votre cheminement spirituel, ici en détention et même après votre sortie.

Ce livre présente les bases du chemin bouddhiste, adaptées à la réalité carcérale. J'espère qu'il deviendra pour vous une ressource essentielle, vers laquelle vous vous tournerez lors des moments difficiles, ou simplement pour obtenir du soutien. Gardez en tête qu'il n'existe pas UN seul livre bouddhiste équivalent à la Bible, à la Torah ou au Coran. Chaque livre bouddhiste peut vous donner des indications ou inspirations sur votre chemin vers la libération, et chacun offre quelque chose de précieux.

Ce livre est le vôtre : utilisez-le. Revenez-y aussi souvent que vous le souhaitez; il peut devenir une référence pour vous, un soutien qui vous accompagnera dans les moments difficiles. Il est basé sur les enseignements fondamentaux du chemin bouddhiste, et à celui-ci s'ajoutent des annexes offrant des suggestions de lectures complémentaires, des prières que vous pourrez ajouter à votre pratique quotidienne, un calendrier des fêtes bouddhistes que vous pourrez célébrer et des photos du Bouddha que vous pourrez découper pour créer un petit autel dans votre cellule.

Merci pour votre confiance, et bonne lecture !

Note sur les termes étrangers

Les termes bouddhistes nous viennent principalement du pali et du sanskrit, deux langues utilisées à l'époque du Bouddha historique, Shakyamuni. Vous avez peut-être déjà vu ces termes dans l'une ou l'autre langue, mais les deux sont valides. Dans ce livre, lorsque les mots apparaissent pour la première fois, j'ai inclus leur source linguistique et leur équivalent dans l'autre langue. En général, les pays qui suivent la tradition Theravada utilisent le pali, tandis que les traditions Mahayana et Vajrayana utilisent plutôt le sanskrit. Les deux conviennent, cela dépend de la tradition suivie.

Tous les termes et concepts bouddhistes de ce livre incluent les versions pali et sanskrit, pour que vous puissiez vous familiariser avec les deux formes. Dans le bouddhisme, selon la lignée ou l'école, les concepts sont en pali (pour le Theravada) et en sanskrit (Mahayana et Vajrayana). Le pali (ou prakrit) est une langue plus ancienne que le sanskrit. En fait, le mot *pali* signifie « original » ou « naturel », tandis que *sanskrit* signifie « raffiné » ou « modifié ». Comme la tradition Theravada est souvent appelée « la voie des anciens », il n'est pas surprenant qu'elle utilise une langue plus ancienne que les écoles plus récentes du Mahayana et du Vajrayana.

Les quatre nobles vérités

Les quatre nobles vérités sont au cœur de l'enseignement du bouddhisme. Elles sont étudiées dans toutes les écoles et traditions bouddhistes : Theravada, Mahayana (comme le Chan ou le Zen), et Vajrayana (comme le Shingon, le Tendai, le Shugendo, ou le bouddhisme tibétain). Beaucoup de gens croient que l'essence du chemin spirituel bouddhiste se trouve dans ces quatre nobles vérités. On pense également que celles-ci ont été parmi les premiers enseignements partagés par le Bouddha après son éveil. On dit souvent que son enseignement sur le *dukkha*[1] (l'insatisfaction; la première noble vérité) a mis en mouvement de la roue du *Dhamma* (la Vérité, ou les enseignements bouddhistes).[2]

---

1 Dukkha, pali. Duhkha, sanskrit. Le Dukkha est communément traduit par « souffrance », « douleur » ou « malheur ». C'est un concept important dans le bouddhisme. Il fait référence à « l'insatisfaction » ou au « malaise » de la vie ordinaire, au fait de ne pas se sentir à l'aise lorsqu'on est poussé par l'avidité, l'envie ou l'ignorance. Dans le bouddhisme, dukkha fait partie de la première des quatre nobles vérités et constitue l'une des trois caractéristiques de l'existence.

2 Dhamma, pali. Dharma, sanskrit. Dans le bouddhisme, Dhamma/Dharma, avec une majuscule, désigne les enseignements et les principes transmis par le Bouddha, le fondateur du bouddhisme.

La première noble vérité est simple et très claire : la vérité de dukkha.

Souvent, les gens traduisent la première noble vérité par « la vie est la souffrance », mais je préfère dire que la vie est insatisfaisante. Je trouve que le terme souffrance est trop extrême et ne reflète pas toujours ce que j'appelle l'anxiété de l'existence humaine, qui est le dukkha. Étant donné la nature insatisfaisante de la vie, nous pourrions constater qu'elle est remplie de souffrance, ou que tout ce que nous vivons est insatisfaisant.

La naissance est insatisfaisante et inconfortable, la vieillesse est insatisfaisante et inconfortable, la mort est difficile et effrayante pour beaucoup. On ne peut pas avoir tout ce que l'on veut, et cela crée un vide causé par cette insatisfaction. Être séparé de ce que nous aimons est difficile et douloureux, et être obligé de rester avec ce que nous n'aimons pas est aussi difficile et insatisfaisant. Le dukkha ne se limite donc pas à une souffrance physique. Il inclut toute insatisfaction que nous ressentons en tant qu'êtres humains : le stress, l'anxiété, la peur, la solitude, le malaise, et bien d'autres choses encore.

La deuxième noble vérité est l'origine de l'insatisfaction – l'attachement.

Cette noble vérité nous enseigne que la racine de cette insatisfaction n'est pas simplement le désir en lui-même, mais notre attachement à nos désirs. Ainsi, pour éviter le dukkha, nous devons comprendre ce qui le provoque. On peut résumer la cause profonde du dukkha simplement à notre attachement aux désirs d'avoir (les envies), au rejet de ce qu'on ne veut pas (l'aversion), et à notre ignorance de la façon dont fonctionne la réalité.

Nous avons tous des préférences, des choses qu'on aime ou qu'on n'aime pas. Mais comme nous ne pouvons pas satisfaire tous nos souhaits et nos désirs, nous subissons les effets du dukkha (perturbations mentales et colère, qui ne sont que d'autres manifestations du dukkha). Il ne s'agit pas de nier nos désirs, car cela reviendrait à nier la vie. Nous ne devons jamais tomber dans les extrêmes ; le vrai problème, c'est quand on s'accroche à nos désirs au point de souffrir si on ne les obtient pas. Dans ces moments-là, l'objet de nos attachements devient comme une prison empoisonnée.

La troisième noble vérité est que la fin de l'insatisfaction est possible.

Cette noble vérité nous enseigne que si nous voulons nous libérer du dukkha, nous devons nous détacher de nos attachements. Cela peut sembler difficile, mais le détachement peut se développer grâce à la pratique de la méditation. Cette libération de l'attachement, de la douleur, libère aussi l'esprit de tous les problèmes et de toutes les inquiétudes – cette libération totale est appelée Nibbana.[3]

---

3 Nibbana, pali. Nirvana, sanskrit.

La quatrième noble vérité est le chemin vers la libération du dukkha.

Nous croyons que l'Éveil est un état qui peut être atteinte en suivant le « sentier octuple » , un chemin progressif vers la réalisation de soi ultime.

1 – Point de vue ou vision juste

2 - Pensée ou intention juste

3 –Parole juste

4 - Action juste

5 - Moyens d'existence justes ou moyens honnêtes de subsistance

6 - Effort juste

7 –Attention ou conscience juste

8 - Concentration juste ou méditation

Le noble sentier octuple

Comme nous l'avons vu avec les quatre nobles vérités, le Bouddha nous propose un chemin structuré qui nous guide naturellement vers la réalisation de notre éveil spirituel, le Nibbana. Ce chemin passe par la libération de nos attachements et de nos illusions, ce qui nous aide donc à comprendre la vérité innée de toutes choses. Dans le bouddhisme, nous accordons une grande importance à la mise en pratique des enseignements, car la libération ne peut être atteinte uniquement par la compréhension intellectuelle.

Le sentier est divisé en trois sections, qui regroupent les huit aspects qui seront présentés. Ces sections sont la sagesse, l'éthique et la méditation. La section « sagesse » comprend le point de vue ou la vision juste et la pensée ou l'intention juste ; la section « éthique » comprend la parole juste, l'action juste et les moyens d'existence justes ; la section « méditation » comprend l'effort juste, l'attention juste et la concentration juste.

Le noble sentier octuple proposé par le Bouddha implique un engagement personnel envers les éléments suivants :

1 - Point de vue ou vision juste

Ce que nous appelons « point de vue » ou « vision » est l'ensemble de nos croyances, de nos associations mentales et de nos schémas de pensée internes, qui ensemble forment notre vision de la vie et influencent nos décisions, nos aspirations et nos actions. L'une des premières choses à faire en tant que bouddhiste est d'apprendre à lâcher prise sur nos « points de vue », ou du moins lâcher prise suffisamment pour les prendre à la légère, si nous voulons pouvoir grandir et développer une vision plus globale de la vie qui nous entoure. Nos croyances, ou notre attachement rigide à celles-ci, peuvent créer beaucoup de rigidité, ce qui qui engendre de la souffrance lorsque nous sommes confrontés à des croyances différentes. Cela peut aussi nous empêcher de voir les croyances des autres avec sagesse ou compassion.

Traditionnellement, la vision juste est ce qui relie les deux composantes du bouddhisme : la doctrine et la pratique. Notre vision juste commence donc par une compréhension intellectuelle des quatre nobles vérités, puis se met en pratique concrètement en apprenant à « voir le dukkha » dans nos vies, l'impermanence et la vacuité de toutes choses. Cela conduit à la prise de conscience que rien ne contribue autant à notre souffrance et à notre attachement que les visions erronées, et que rien ne produit autant d'états bénéfiques et de bonheur que la vision juste.

2 - Pensée ou intention juste

La pensée juste est une pensée non conditionnée, libre, sans avidité, jalousie, colère, haine ni cruauté. Ce que je trouve le plus important, c'est l'intention, qui détermine si nos paroles et nos actions vont créer un bon ou un mauvais karma.[4]

La pensée juste n'est pas une pensée dogmatique ou rigide, mais plutôt une pensée qui naît d'une compréhension juste, d'un esprit éveillé. C'est donc une pensée qui est l'expression de notre cœur, de notre compassion et de notre bonté. L'intention juste comprend trois aspects principaux : l'intention de renoncer aux désirs, l'intention de renoncer à la colère et à la violence, et l'intention de renoncer à l'ignorance.

3 - La parole juste

La parole juste est l'une des choses que je trouve les plus difficiles, car nous parlons presque tout le temps. Alors, comment faire pour que notre parole soit influencée par notre pratique spirituelle ? Ce n'est pas toujours facile, ou du moins pas pour moi.

Alors, que signifie exactement avoir une parole positive ? Le Bouddha nous demande de nous abstenir de mentir, d'éviter d'attaquer la réputation de quelqu'un, d'éviter de parler avec haine, d'éviter de parler de manière grossière, d'éviter les paroles futiles ou les bavardages inutiles, comme les commérages. La parole juste nous permet de parler d'une manière noble, vraie et authentique, d'une façon qui crée de l'harmonie.

---

4 Kamma, pali. Karma, sanskrit.

4 - Action juste

L'action juste est directement liée à l'intention juste et à la parole juste. Elle signifie que nous agissons dans le respect des autres et de nous-mêmes, tout en évitant de créer de la souffrance pour les autres et pour nous-mêmes. L'action juste est donc une action qui respecte les préceptes, et qui reflète l'expression de l'éveil. Pour le dire simplement, cela signifie agir en parfaite harmonie avec le moment présent, sans ego, sans attachement au résultat, et sans chercher à recevoir du mérite pour ce que l'on accomplit.

En résumé, nous n'agissons pas à partir de notre égo, et nous n'agissons pas pour obtenir une récompense ou une reconnaissance pour une « bonne » action. Nous agissons de manière appropriée, dans l'instant présent, avec ce qui reflète le mieux un esprit libre, rempli de sagesse et de compassion.

L'action juste est le fondement des préceptes que nous devons suivre en tant que bouddhistes. Elle nous aide à progresser sur le chemin des cinq préceptes : s'abstenir de tuer, de voler, de mentir, d'avoir une conduite sexuelle irresponsable, et de consommer des substances intoxicantes. L'action juste est là pour nous aider à faire avancer notre pratique, et à cultiver la bonté et la compassion envers tous les êtres, peu importe qui ils sont (cela inclut les agents de services correctionnels et toutes les personnes qui peuvent représenter une difficulté dans notre vie).

5 - Moyens d'existence justes

Le Bouddha nous conseille de gagner notre vie de manière juste, sans recourir à des activités illégales ou nuisibles. Notre travail ne doit pas provenir d'activités qui causent la souffrance d'autres êtres, comme le meurtre, le vol et la vente de biens volés, la fraude, le trafic d'armes ou d'êtres humains (proxénétisme), la vente de poisons ou de drogues, ou tout autre activité illégale.

Je sais que cela peut sembler difficile, car lorsque vous sortirez, vous devrez trouver un emploi dans le cadre de votre plan de réinsertion. Je crois que de chercher un emploi dans le domaine du service ou de l'aide est toujours une bonne direction dans nos choix professionnels. Cela ne signifie pas forcément un travail dans le domaine social comme l'accompagnement spirituel. Travailler dans la construction, par exemple, est un excellent exemple de moyen d'existence juste, car nous contribuons à bâtir des logements pour que les gens se sentent en sécurité et à l'abri des éléments. En revanche, travailler dans des bars n'est pas un emploi qui s'aligne bien avec cette vision, car nous savons combien la dépendance et la souffrance sont présentes dans ces lieux.

6 - Effort juste

L'effort juste, c'est l'effort d'appliquer les enseignements du Bouddha, l'effort de travailler sur soi pour s'améliorer et se libérer du dukkha. Chaque action peut être vue comme une opportunité de réalisation de soi, favorable à notre libération. Mais il est important d'apporter ici une nuance : il faut toujours rester vigilant, car si nos efforts sont motivés par l'égo, dans le but d'obtenir un résultat personnel, alors la pratique risque de devenir une quête de profit, ce qui qui va à l'encontre de la libération – il faut toujours agir pour le bien de tous les êtres vivants, et non seulement pour nous-mêmes. Je me rappelle souvent que si je m'efforce d'être une meilleure personne, c'est pour le bien de tous les êtres vivants, car mes actions ont un impact sur tous ceux qui m'entourent.

7 - Attention ou conscience juste

L'attention juste, pratiquée avec la méditation, est la source de l'éveil et de notre libération. L'attention juste peut également être appelée « pleine conscience ». Cela consiste à être pleinement vivant, pleinement dans l'instant présent, sans se perdre dans nos pensées, nos histoires, nos anticipations ou nos inquiétudes, ni dans le passé ni dans le futur. C'est une conscience de ce qui est : conscience de soi, de son corps, de ses émotions, de ses pensées, et de tout ce qui nous entoure. Être pleinement conscient, pleinement présent, c'est aussi cesser de juger, de catégoriser et de s'attacher à ses opinions ou à ses points de vue.

Se concentrer simplement sur le moment présent est très bénéfique pour notre esprit, car cela l'aide à se détacher de ses attachements et à apaiser ses désirs d'avoir ou d'accumuler.

8 - Concentration juste ou méditation

La concentration juste, c'est la pratique correcte de la méditation, car c'est le seul moyen d'atteindre une concentration adéquate. En fait, il existe plusieurs formes de méditation bouddhiste, avec des objectifs variés selon les traditions. La concentration juste est le plus important de tous les aspects du noble sentier octuple, car sans la pratique de la méditation, le bouddhisme risque de devenir une simple gymnastique intellectuelle, sans profondeur.

La méditation juste se caractérise par l'abandon des trois poisons : l'ignorance, l'avidité et la colère – ainsi que tous les états nuisibles ou conditionnés. Elle repose sur un retour au moment présent, un détachement du mental et de ses pensées quotidiennes, et une transcendance de la conscience personnelle.

Voilà donc l'essence de la pratique bouddhiste, expliquée à travers le noble sentier octuple. C'est la vérité que le Bouddha nous a transmise : elle nous enseigne que nous pouvons atteindre la libération complète en suivant ce chemin simple.

Dukkha

Dukkha est un concept fondamental dans le bouddhisme. Je dirais même que c'est l'un des tout premiers que l'on apprend (c'est d'ailleurs la base de la première noble vérité). Lorsque je parle de dukkha dans nos groupes ou dans nos conversations, j'en parle souvent de manière simple (dukkha peut être enseigné comme une idée générale : celle que la vie comporte des difficultés). Mais le Bouddha nous a présenté trois formes de dukkha, car cette insatisfaction se manifeste à différents niveaux dans notre expérience. Voici les trois types de dukkha :

1 - *dukkha dukkha* – la souffrance ordinaire
2 - *viparinama dukkha* – la souffrance liée au changement
3 - *sankhara dukkha* – la souffrance révélée par l'entraînement

La souffrance ordinaire, c'est celle que nous connaissons tous, même en dehors de la méditation. Il existe deux types d'attention : l'attention ordinaire, et l'attention qui permet de voir la véritable nature des phénomènes (appelée *bhavanamaya*). Des exemples de ce type de dukkha sont la douleur, les démangeaisons, l'irritation, ou toute forme de maladie ou de souffrance physique. D'autres peuvent être le malheur, la tristesse, l'inquiétude ou toute autre forme de souffrance mentale.

La souffrance du changement apparaît quand

quelque chose de plaisant se transforme en quelque chose de désagréable, Par exemple, quand on médite, le dos droit, les jambes croisées, et que nous essayons de maintenir l'attention sur la respiration avec détermination… au début, on peut ressentir une certaine paix. Mais avec le temps, cette sensation agréable laisse place à de l'inconfort : douleurs dans le dos, les fesses, les genoux, les chevilles, soit sous forme de tension, d'engourdissement, de picotements, ou autre. Nous remarquons ces sensations désagréables ; elles s'intensifient et nous les voyons plus clairement. Au début de notre pratique, notre patience n'est pas suffisamment développée, et nous avons envie de bouger. Il est important de se rappeler qu'avec patience, l'envie de bouger peut diminuer. Si ce n'est pas le cas, (essayez d'attendre un peu avant), on peut ajuster sa posture doucement, et la douleur pourrait diminuer. Puis, après un moment, l'agréable cède à nouveau la place au désagréable sous une autre forme : pression, douleur, pulsations, etc., et nous essayons à nouveau de faire preuve de détermination. Quelqu'un qui ne pratique pas ou qui débute ne remarque pas toujours ces sensations désagréables, et change de position sans y penser. Cela vient souvent du fait qu'on ne comprend pas encore que le corps est impermanent (*anicca*), insatisfaisant (*dukkha*) et sans essence fixe (*anatta*).

Le Bouddha nous a enseigné qu'il existe deux types de réalité : la réalité conventionnelle (un homme, une femme, un *bhikkhu*[5], etc.) et la réalité ultime du corps et de la matière, que l'on ne peut comprendre qu'à travers de la pratique de la *vipassana*[6]. Selon cette compréhension, il n'y a pas d'entité permanente en nous, seulement l'esprit et la matière en changement constant. Ainsi, à chaque contact sensoriel, il y a un changement. Pour voir cela clairement et complètement, il faut avoir pratiqué avec diligence pendant un certain temps. Ainsi, lorsque nous méditons et observons la respiration (par exemple au niveau de l'abdomen), il est important d'observer et de noter attentivement tous les nouveaux contacts sensoriels : voir, entendre, sentir, goûter, toucher, ou penser. Au début, on remarque surtout le mouvement de l'abdomen qui monte et descend. Au fil du temps, on commence à voir le début, le déroulement, et la fin de chaque sensation. En portant une attention plus profonde, nous voyons que l'abdomen (par exemple) fait bien plus que simplement monter et descendre. Avec l'expérience, nous pouvons même observer des sensations de douceur, de tension, de pression, et ainsi de suite. Ces sensations ne sont plus limitées à l'abdomen lors de la méditation formelle: elles apparaissent dans chaque contact sensoriel. Même les pensées et les émotions peuvent être perçues dès leur apparition; cela vient avec le temps et

---

5   Un moine. Bhikkhu, pali. Bhikshu, sanskrit.

6   Méditation de la vision profonde. Vipassana, Pali. Vipashyana, sanskrit.

la pratique. Petit à petit, notre attention devient ininterrompue. C'est pourquoi nous appelons cela la souffrance révélée par l'entraînement. Notre confiance et notre foi dans le dhamma se développent. Le contact avec cet enseignement sur dukkha nous aide à devenir une meilleure personne, plus libre intérieurement.

Dukkha est un enseignement fondamental qui, lorsqu'il est profondément compris, nous aide à percevoir les possibilités de libération sur le chemin bouddhiste.

Karma

Qu'est-ce que le *karma*, exactement ?

Le mot *karma* est un terme ancien, qui date d'avant le Bouddha. Il a été utilisé dans diverses religions indiennes, et sa traduction la plus courante est « action ». Mais lorsque le Bouddha parlait de karma, il faisait référence à la cause de l'action – l'intention – et à ses effets. Lors de la nuit de son éveil, le Bouddha a compris que tous les êtres naissent et meurent en fonction de leur conditionnement karmique. Cela signifie que les intentions qui mènent à l'action déterminent ce qui en découle : le résultat et l'impact de l'action. On pourrait dire que le karma, c'est la manière dont l'action se déplace à travers le temps et l'espace. C'est également au cours de cette nuit-là que le Bouddha a vu toutes ses vies passées, remontant à des éons, et qu'il a compris que les actions qu'il avait posées dans ces vies l'avaient conduit dans les vies suivantes.

Le Bouddha nous a enseigné que même si nous avons tous accumulé du karma au cours de nos vies passées (y compris la présente), le karma peut changer. Chaque instant est une occasion de poser une action positive : de penser, parler et agir d'une manière habile. Cela nous aide à nous éloigner de l'attachement et de l'illusion, qui nous maintiennent dans la souffrance et le *samsara*[7] . Autrement dit,

---

7 Le monde de l'illusion.

nous pouvons travailler sur notre karma et le purifier, pour obtenir des résultats plus sains et un avenir meilleur.

Le principe du karma reste très utile dans cette vie, même si nous ne croyons pas à la renaissance. Il est au cœur des quatre nobles vérités du Bouddha et de son chemin de pratique (le noble sentier octuple). Même si une personne ne s'attend pas à renaître ou à atteindre l'éveil, vivre de manière vertueuse et comprendre la logique du karma peut lui être bénéfique, ainsi qu'à ceux qui l'entourent. En résumé, le karma n'agit pas uniquement dans les vies futures (même si c'est le cas lorsque nous croyons à la renaissance). Ses effets sont immédiats, dans cette vie.

Les bouddhistes croient-ils en un Dieu ?

Comme nous grandissons dans une société judéo-chrétienne, l'idée d'un Dieu est souvent au cœur de notre vision de la religion. C'est pourquoi on me pose souvent la question : « Les bouddhistes croient-ils en un dieu[8] ? » La réponse courte est non, les bouddhistes ne croient pas en Dieu (ni au Dieu judéo-chrétien, ni à tout autre dieu) . Beaucoup de gens pensent que les bouddhistes considèrent le Bouddha comme un dieu, mais c'est faux. Le Bouddha, Siddhartha Gautama, est une personne qui a atteint l'éveil et nous a transmis les enseignements que nous suivons encore aujourd'hui. Le Bouddha n'est pas un dieu, même si cela peut en donner l'impression lorsqu'on regarde un autel ou un temple. L'image du Bouddha sert à nous rappeler notre propre nature de Bouddha et la possibilité d'atteindre l'éveil dans cette vie.

Les bouddhistes ne croient pas en Dieu pour

---

8 Quelle est donc la différence entre Dieu et un dieu ? Une divinité, ou « dieu » (avec un « d » minuscule), fait référence à un être surnaturel. Les religions monothéistes (les religions abrahamiques comme le christianisme, le judaïsme et l'islam) croient un seul « Dieu » (avec un « D » majuscule). Dans les traditions abrahamiques, Dieu est considéré comme le Créateur, celui qui a tout créé à partir de rien. Dans ces religions, comparer d'autres entités à Dieu est vu comme de l'idolâtrie, et cela est souvent fermement condamné.

plusieurs raisons. Je n'en citerai que quelques-unes, car les raisons peuvent varier selon les pays ou les écoles de pensées. Ces raisons sont souvent partagées par l'ensemble des bouddhistes.

Le Bouddha pensait que le concept (ou la création) de Dieu provenait d'un sentiment de peur. Les humains se trouvaient dans un monde dangereux, où les prédateurs et les éléments naturels menaçaient toujours de les mettre en danger et de les tuer. Les humains ont donc créé l'idée d'un Dieu, pour célébrer les bons moments et trouver la force de traverser les épreuves. Je suis persuadé que vous avez déjà vu des personnes devenir plus religieuses pendant des moments difficiles (en prison, il est courant que les gens deviennent plus religieux pendant leur sentence). Cela leur donne la force de surmonter les difficultés qu'ils rencontrent.

Le Bouddha ne croyait pas non plus en Dieu parce qu'il ne trouvait pas de preuves suffisantes dans les textes et les sermons religieux de son époque. Chaque religion pense détenir la parole de Dieu dans ses textes et connaître la véritable nature de Dieu. Chaque religion prétend détenir la véritable preuve de l'existence de Dieu, mais considère que toutes les autres conceptions ou preuves sont fausses. Un bouddhiste préfère suspendre son jugement sur l'existence de Dieu tant qu'aucune preuve irréfutable n'est présentée. En ce sens, les bouddhistes sont agnostiques.

Enfin, le Bouddha ne trouvait pas la croyance en Dieu nécessaire. Beaucoup de gens disent que l'existence de Dieu est nécessaire pour expliquer la création de l'univers – mais la science a déjà répondu à beaucoup de ces questions. Grâce à la science, nous n'avons pas besoin de cette idée de Dieu en tant que créateur. Nous pouvons vivre une vie utile, heureuse et pleine de sens sans croire en Dieu. Le Bouddha croyait que les humains ont la capacité de purifier leur esprit, de développer un amour infini, de la compassion, et une compréhension parfaite de l'univers. En fait, la question de savoir s'il existe un Dieu créateur n'est pas pertinente dans la pratique bouddhiste. Le bouddhisme nous enseigne à atteindre l'éveil grâce à notre propre compréhension et nos efforts approfondis.

Le Bouddha n'est donc pas un dieu, mais un idéal vers lequel nous tendons. C'est pourquoi nous lui rendons hommage : il reflète notre vraie nature. Nous ne croyons pas en un créateur, un destructeur ou un être extérieur qui nous juge. Nous croyons en l'accumulation du karma, positif ou négatif. Les autres Bouddhas et Bodhisattvas[9] que vous avez peut-être déjà vus (comme le Bouddha de la Médecine ou Tara verte) sont des manifestations humaines de notre vraie nature. Par exemple, Tara verte représente la compassion pure sous une forme féminine[10].

Cette question est tout à fait normale. Avant

---

9 Bouddhas en formation.

10 Ces divinités de méditation sont courantes dans les traditions bouddhistes Mahayana et Vajrayana, mais beaucoup moins dans les traditions Theravada.

d'étudier le bouddhisme, je pensais aussi que le Bouddha était un dieu pour les bouddhistes. J'avais besoin de tout comprendre avec mes propres repères. Pour moi, la statue du Bouddha ressemblait à un crucifix à l'entrée de l'église. L'important, c'est de toujours prendre le temps de chercher la bonne information, pour ne pas confondre nos idées reçues avec la vérité.

Les trois caractéristiques
de l'existence

Les trois caractéristiques de l'existence sont un enseignement fondamental du bouddhisme, présent dans toutes les écoles et traditions. Vous avez peut-être déjà vu cet enseignement sous le nom des trois sceaux de l'existence ou les trois sceaux du Dhamma – il s'agit du même enseignement de base. Il nous parle des trois caractéristiques intrinsèques de l'existence humaine.

Ces trois perspectives décrivent la nature du monde tel que nous le percevons, ainsi que tous les phénomènes qui s'y produisent. La compréhension de cette triade constitue la base de la libération personnelle. Mais au-delà de la compréhension intellectuelle des trois caractéristiques, il faut aussi les intégrer pleinement et authentiquement au niveau émotionnel, toujours en cohérence avec notre attitude et notre comportement. Je dirais que la plupart de nos problèmes viennent du fait que nous refusons d'accepter ces trois caractéristiques de l'existence. C'est pourquoi nous sommes confus, désorientés et perdus.

Alors, quelles sont les trois caractéristiques de l'existence ?

1 - Impermanence (*Anicca*)

2 - L'absence d'un « moi » fixe (*Anatta*)[11]

---

11 Anatta, pali ; Anatman, sanskrit. Les autres termes, Anicca et

3 - La souffrance (*Dukkha*)

La première caractéristique est un enseignement
d'une importance fondamentale. Comme le disait
le Bouddha : « tout est impermanent ». Tout a un
début et une fin, rien ne dure éternellement, rien n'est
permanent; tout passe. Tout change constamment, et
c'est pourquoi le calme et la stabilité ne sont qu'une
illusion. Tout ce qui existe, à l'intérieur comme à
l'extérieur de nous, est en mouvement. Toutes les
réalités naissent, vivent, meurent, puis renaissent
transformées pour recommencer un nouveau cycle.
Cela signifie que ce que nous sommes aujourd'hui
n'est pas ce que nous étions hier. Nous ne mettons
jamais deux fois les pieds dans la même rivière, car le
courant fait que l'eau change sans cesse. Il n'y a rien
dans ce monde qui ne soit pas en transformation
constante. Et cela vaut aussi pour nous.

La deuxième caractéristique nous enseigne que
« tout est sans substance propre ». C'est souvent
la plus difficile à comprendre au début du chemin
bouddhiste. Cette caractéristique signifie que rien
n'existe en soi, et que rien ne se produit de manière
indépendante. Tout ce qui est et tout ce qui arrive est
lié à de multiples circonstances, facteurs et faits. Le
célèbre maître vietnamien Thich Nhat Hanh appelle
cela l'inter-être. Tout ce qui existe est relié. C'est
pourquoi, lorsque nous parlons de l'individu, nous
faisons référence à l'absence d'un « moi » ou d'un ego

Dukkha, s'écrivent de la même façon dans les deux langues.

véritable. Comme nous l'avons vu avec la première caractéristique, tout change constamment – donc une identité fixe est une illusion. Nous sommes quelque chose de dynamique, en transformation à chaque instant. Notre existence est une série de choses qui vont vers leur disparition. Cette caractéristique d'existence nous invite à oublier le « moi » et à ne pas nous soucier de l'ego. Ce qui compte, c'est d'être pleinement éveillé au moment présent. Ce qui importe, ce n'est pas qui nous étions hier ou qui nous serons demain ; l'important, c'est l'action de maintenant – le moment présent.

La troisième caractéristique, comme nous l'avons déjà expliqué, est dukkha – « tout est insatisfaisant ». Vous avez probablement déjà lu ou entendu que personne ne peut ressentir une satisfaction constante et permanente. Quand on y pense, on comprend que, pour les bouddhistes, ce qui génère le bonheur aujourd'hui peut être la cause de la souffrance demain. Tout est soumis à l'impermanence, même les causes de notre bonheur et de nos plaisirs. Si nous ne sommes pas capables d'accepter la première caractéristique de l'existence, alors nous souffrirons toujours lorsque les bons moments ou les sensations agréables prendront fin. Comme le dit le dicton : « Bonne nouvelle : tout est impermanent. Mauvaise nouvelle : tout est impermanent. »

Les trois joyaux

L'une des plus anciennes façons d'exprimer son engagement envers le bouddhisme est de « prendre refuge » dans les trois joyaux. Vous avez peut-être entendu parler du triple joyau ou des trois trésors. Ces termes désignent le Bouddha (l'exemple), au Dhamma (les enseignements) et à la Sangha (la communauté de pratiquants). Les bouddhistes peuvent réciter les trois vœux de refuge lors de nombreux rituels, de cérémonies dans leurs communautés, ou dans leur pratique de récitation quotidienne, prenant refuge ainsi :

Je prends refuge dans le Bouddha.
Je prends refuge dans le Dhamma.
Je prends refuge dans la Sangha.

Pour de nombreux pratiquants, prendre refuge est l'une des premières étapes pour se déclarer bouddhiste, en plus d'adopter les préceptes, qui sont les lignes directrices pour une vie éthique. Mais à quoi ressemble le fait de « prendre refuge » dans les trois joyaux ?

Prendre refuge est une façon d'exprimer formellement son engagement sur le chemin du Bouddha, et de se protéger des vicissitudes de la vie. Cela ne veut pas dire fuir le monde, mais plutôt l'embrasser dans toute sa complexité, comme un véhicule pour nous libérer de nos habitudes destructrices. Le maître Chögyam Trungpa Rinpoche a décrit cela comme « s'engager envers la liberté ». Lorsque nous prenons refuge dans le Bouddha, nous le voyons comme un enseignant et un exemple à suivre – une personne ordinaire qui s'est éveillée à la condition humaine et qui nous sert de guide vers une vie plus éclairée. En un sens, nous prenons aussi refuge dans notre propre nature de Bouddha, dans notre propre potentiel de libération.

Le Bouddha dans lequel nous prenons refuge n'est pas seulement le personnage historique (Shakyamuni), qui s'est éveillé sous l'arbre de la Bodhi, mais aussi tous les bouddhas dont les enseignements nous disent qu'ils l'ont précédé et qu'ils viendront après lui. Cela inclut tout un ensemble de bouddhas, de bodhisattvas et de mahasattvas[12] , considérés comme des enseignants sur cette terre et dans d'autres mondes.

Le mot Dhamma a plusieurs sens, mais dans le Theravada, il désigne les enseignements du Bouddha historique. Dans les traditions Mahayana et Vajrayana, le mot Dharma inclut également les enseignements d'autres êtres éveillés. Certains diront que prendre refuge dans le Dhamma, c'est aussi signifier trouver un soutien dans l'univers, qui est à la fois visible et parfaitement complet.

La Sangha est la communauté bouddhiste. Traditionnellement, elle désignait la communauté des moines et des nonnes ordonnés. Aujourd'hui,

---

12 Grands pratiquants.

la Sangha inclut tous les pratiquants bouddhistes (comme vous), qu'ils soient laïcs ou ordonnés. Certains pensent que prendre refuge dans la Sangha, c'est reconnaître notre lien de parenté avec tous les êtres vivants.

Le Bouddha nous enseigne que nous sommes chacun responsable de notre propre chemin spirituel et de notre éveil. Il a dit à Ananda (l'un de ses proches disciples), alors qu'il allait mourir : « Sois une lumière pour toi-même. » Mais le Bouddha nous a laissé un héritage précieux : les enseignements (le Dhamma) et la communauté (la Sangha). Les enseignements disent que nous ne sommes jamais seuls si nous prenons refuge dans les trois joyaux.

Nous pouvons prendre refuge une fois, lors d'occasions spéciales (comme le Vesak[13]), ou le faire chaque jour. Cela dépend de notre pratique et de la façon dont nous souhaitons entretenir ce lien avec les trois joyaux. Je vous laisse ici une version du refuge, en pali et en français, au cas où vous voudriez l'intégrer à votre pratique spirituelle, à l'intensité qui vous convient.

---

13 Célébré le jour de la pleine lune de mai. Dans les traditions Theravada, Mahayana et Vajrayana, il commémore la naissance, l'éveil et la mort du Bouddha.

Prendre refuge

namo tassa bhagavato arahato samma-sambuddhassa
namo tassa bhagavato arahato samma-sambuddhassa
namo tassa bhagavato arahato samma-sambuddhassa
> Hommage à lui, le Parfait, le Bienheureux,
> l'Éveillé

buddham saranam gacchami
> Je vais vers le Bouddha comme vers un refuge.
dhammam saranam gacchami
> Je vais vers le Dhamma comme vers un refuge.
sangham saranam gacchami
> Je vais vers le Dhamma comme vers un refuge.

dutiyampi buddham saranam gacchami
> Pour la deuxième fois, je vais vers le Bouddha
> comme vers un refuge.
dutiyampi dhammam saranam gacchami
> Pour la deuxième fois, je vais vers le Dhamma
> comme vers un refuge.
dutiyampi sangham saranam gacchami
> Pour la deuxième fois, je vais vers la Sangha
> comme vers un refuge.

Plus >

tatiyampi buddham saranam gacchami
   Pour la troisième fois, je vais vers le Bouddha
   comme vers un refuge.

tatiyampi dhammam saranam gacchami
   Pour la troisième fois, je vais vers le Dhamma
   comme vers un refuge.

tatiyampi sangham saranam gacchami
   Pour la troisième fois, je vais vers la Sangha
   comme vers un refuge.

Les cinq préceptes

Les préceptes font partie intégrante de la pratique morale du bouddhisme. Nous suivons ces principes pour vivre une vie juste, en cultivant des habitudes qui nous évitent d'accumuler du mauvais karma à travers nos actions quotidiennes. En suivant ces préceptes, nous réduisons aussi le mal dans nos actes, nos pensées et nos paroles. La compassion naît de la poussière de notre pratique morale – car ces règles simples cultivent la compassion à travers le respect, la générosité, la vérité, la bienveillance et la discipline.

Les préceptes sont une pratique en soi. Ce ne sont donc pas des règles statiques et immuables (comme j'ai toujours compris les commandements lorsque j'étais chrétien) ; nous les travaillons chaque jour. Nous observons comment nous les comprenons à chaque instant, et comment notre expérience peut transformer notre relation à certains préceptes. Nous pouvons toujours continuer à approfondir notre compréhension, et celle-ci peut évoluer avec le temps. Parfois, je me concentre sur un précepte en particulier, et j'en fais ma pratique pendant un certain temps, pour approfondir ma compréhension et aussi ma relation avec moi-même et ma propre pratique morale.

Le premier précepte est de ne pas tuer et de respecter la vie ; il ne faut pas tuer un être vivant –

plus précisément, il ne faut pas avoir l'intention d'ôter la vie d'un autre être vivant.

Le deuxième précepte est de ne pas voler ; le respect de la propriété d'autrui est essentiel dans notre pratique morale. Il ne faut pas oublier que le vol peut être direct, lorsque nous avons l'intention et le désir de nous approprier ce qui appartient à un autre, par la force ou la tromperie – mais aussi indirect, par l'intermédiaire d'autres personnes.

Le troisième précepte est de ne pas avoir de conduite sexuelle inappropriée. Cela peut inclure l'agression sexuelle, l'adultère, ou des relations sexuelles avec une personne sous la protection d'un parent, ou avec une personne déjà mariée ou en couple. On peut être dépendant du sexe comme on l'est de l'alcool ou des jeux d'argent. Ce sont des expressions de la convoitise, de la violence et de l'objectification d'autrui.

Le quatrième précepte est de ne pas mentir; il faut être honnête. Le mensonge n'est pas toléré, et déformer la vérité est considéré comme un mensonge. Ce précepte nous invite à donner une valeur sacrée à la parole, car la vérité est source de confiance. De même, le discours faux est celui qui prend racine dans la convoitise, la haine, la peur ou les bavardages futiles.

Le cinquième précepte est de ne pas consommer de substances intoxicantes, par respect pour un esprit clair. La consommation de drogues ou d'alcool est interdite. En effet, la consommation entraîne une perte de conscience. C'est pourquoi les bouddhistes valorisent la méditation, qui est un moyen essentiel pour atteindre la libération (méditer sous l'effet de drogues ou d'alcool est quasiment impossible). Certains encouragent l'abstinence totale, d'autres la modération et l'abstention des excès qui mènent à l'intoxication.

Les facteurs qui déterminent si un précepte est violé ont été définis dans les commentaires ci-dessous. Le précepte n'est considéré comme violé que si toutes les conditions mentionnées ci-dessous sont réunies. Si une condition manque, le précepte reste intact. Si l'on a enfreint un ou plusieurs préceptes, il faut les répéter avec la ferme intention de ne plus les violer à l'avenir.

Prendre les cinq préceptes

panatipata veramani sikkhapadam
samadiyami.
Je m'efforce d'observer le précepte de ne pas tuer.[14]

adinnadana veramani sikkhapadam
samadiyami.
Je m'efforce d'observer le précepte de ne pas prendre
ce qui ne m'a pas été donné.

kamesu micchacara veramani sikkhapadam
samadiyami.
Je m'efforce d'observer le précepte de ne pas
commettre d'inconduite sexuelle.

musavada veramani sikkhapadam samadiyami.
Je m'efforce d'observer le précepte de ne pas mentir.[15]

sura meraya majja pamadatthana veramani
sikkhapadam samadiyami.
Je m'efforce d'observer le précepte de ne pas
consommer d'alcool ou de drogues qui conduisent à
la négligence.[16]

---

14 Ne pas tuer s'applique à tout être vivant, y compris les
insectes.

15 Ne pas mentir inclut également : ne pas médire, ne pas jurer
et ne pas parler de choses inutiles.

16 L'alcool inclut : le champagne, le vin, la bière, le pastis, le
whisky et autres. Drogues : opium, LSD, ecstasy, cocaïnes et

Metta

Le mot Metta a plusieurs significations : amour bienveillant, amitié, gentillesse, bonne volonté, harmonie, douceur et non-violence. Dans les enseignements bouddhistes, on utilise souvent le mot « gentillesse », mais il est important de savoir que c'est plus que cela. En termes simples, Metta signifie souhaiter le bien-être et le bonheur des autres. L'essence de Metta est une attitude altruiste d'amour et d'amitié, au lieu de mettre nos intérêts personnels en premier. Quand on pratique Metta, on refuse d'être offensants, on ne nourrit ni amertume, ni rancune, ni hostilité. À la place, on développe un esprit bienveillant et généreux, pourquoi cherche à apporter du bien-être et du bonheur autour de soi. Metta n'a aucun intérêt personnel. Il fait naître des sentiments chaleureux, compatissants et bienveillants, qui peuvent se développer sans limite avec la pratique. Metta est universel, inconditionnel (nous n'agissons pas par intérêt personnel) et représente un amour total.

Avec la pratique de Metta, on devient une source de bien-être et de sécurité pour les autres. Comme une mère qui donne sa vie pour son enfant, Metta donne toujours sans rien attendre en retour. Il est vrai que l'on dit qu'il est dans la nature humaine

---

autres. Les cigarettes et les médicaments contenant de l'alcool ne sont pas inclus.

de préserver ses propres intérêts. Mais quand cet instinct égoïste se transforme en désir sincère de promouvoir le bien et le bonheur des autres, l'esprit s'élargit en identifiant notre propre intérêt à l'intérêt de tous. Ce changement d'attitude développe en même temps notre propre bien-être, de la meilleure façon possible.

Metta est comme l'attitude protectrice et très patiente d'une mère qui supporte les difficultés par amour pour son enfant, et qui le protège tout le temps. Metta est aussi l'attitude de la personne qui veut offrir tout ce qu'il y a de mieux à son ami. Si notre pratique de Metta est bien développée, nous pouvons développer une grande force intérieure qui nous préserve, nous protège et nous guérit, ainsi que les personnes qui en bénéficient.

Nous croyons que Metta est la seule manière constructive d'apporter l'harmonie, la paix et la compréhension entre les gens – que ce soit entre individus, groupes ou religions. Comme la plupart des grandes religions, le bouddhisme considère Metta comme un moyen suprême, car il constitue le principe fondamental et la base de toutes les activités bienveillantes visant à promouvoir le bien des êtres humains. Lorsqu'on l'interrogeait sur sa religion, Sa Sainteté le Dalaï Lama est bien connu pour avoir répondu : « Ma religion est la gentillesse. » Il n'est pas nécessaire d'être bouddhiste pour pratiquer la bienveillance.

Si vous souhaitez apprendre à pratiquer Metta pendant votre méditation, vous pouvez consulter la section « Comment méditer (plus expérimenté) ». Je recommande d'intégrer cette approche une fois que vous avez une pratique de méditation établie.

.

Les agrégats

L'un de mes premiers maîtres m'a dit un jour que tous les enseignements du Bouddha se trouvent dans les quatre nobles vérités. C'est généralement le premier enseignement que l'on étudie dans le bouddhisme, et c'est aussi le plus fondamental. Si tous les enseignements sont intégrés dans les quatre nobles vérités, on me demande souvent où je placerais alors les agrégats ?

Les khandhas[17] sont définis comme des ensembles, des regroupements, ou des agrégats. Dans le bouddhisme, ils désignent les cinq agrégats de l'attachement – les cinq facteurs matériels et mentaux qui participent à la naissance du désir et de l'attachement. Je fais souvent le lien entre ces agrégats et la première noble vérité, celle de dukkha, car c'est là que je les vois le plus clairement.

La première noble vérité est souvent traduite par « la vie est souffrance ». Je trouve cela un peu trop simple et même un peu trompeur. Je crois que le Bouddha n'aurait probablement pas parlé de souffrance, mais plutôt de dukkha, un mot qui peut être considéré sous trois angles différents :

1. Comme souffrance ordinaire – la vieillesse, la maladie, la mort, etc. : notre corps, notre « enveloppe », est soumis à des conditions.

2. Comme souffrance liée au changement – une

---

17 Khandhas - pali ; Skandhas - sanskrit

vie heureuse n'est pas éternelle, rien n'est
permanente.

3. Comme état conditionné : notre attachement
aux cinq agrégats.

Le premier agrégat est la matière, qui comprend
les quatre éléments : la terre (solidité), l'eau (fluidité),
le feu (chaleur) et l'air (mouvement), ainsi que
leurs dérivés. Ces dérivés incluent nos cinq organes
sensoriels (œil, oreille, nez, langue, corps) et les
objets extérieurs qui correspondent aux sens :

- les formes visibles pour l'œil
- les sons entendus par l'oreille
- les odeurs senties par le nez
- les saveurs goûtées par la langue
- les choses tangibles pour le corps
- également toutes les idées, pensées ou concepts
  qui relèvent du domaine mental.

Le deuxième agrégat est celui des sensations :
il regroupe de toutes les sensations agréables,
désagréables ou neutres que nous ressentons lors du
contact entre nos organes (physiques ou mentaux)
et le monde extérieur. Cela inclut les sensations nées
du contact entre l'œil et les formes visibles, l'oreille
et les sons, le nez et les odeurs, la langue et les goûts,
le corps et les objets tangibles, ainsi que l'esprit et les
objets mentaux.

Le troisième agrégat est celui des perceptions.
Comme les sensations, elles sont également de six

types. Elles résultent de la relation entre nos six facultés internes et les six objets du monde extérieur. Ce sont les perceptions qui reconnaissent et interprètent les objets physiques ou mentaux.

Le quatrième agrégat est celui des formations mentales. Il comprend tous les actes volontaires, bons ou mauvais – ce qu'on appelle généralement le « karma ». Le Bouddha a défini le karma comme la volonté d'agir par le corps, la parole ou l'esprit. La volonté est définie comme une construction mentale, une activité de l'esprit qui oriente nos actions vers le bien, le mal ou le neutre. Nous avons toujours notre base des six facultés et les phénomènes extérieurs correspondants. Les sensations et les perceptions ne sont pas des actes volontaires. Mais l'attention, la volonté, la détermination, la confiance, la concentration, la sagesse, l'énergie, le désir, la haine, l'ignorance, la vanité et le concept de soi en font partie.

Le cinquième agrégat est la conscience, qui a pour base les six facultés et pour objet les phénomènes extérieurs correspondants. La conscience est donc une forme de connaissance ou de réponse. Elle n'a pas la capacité de reconnaître un objet particulier en tant que tel – elle n'est que la prise de conscience de la présence de l'objet. Par exemple, lorsque votre œil voit le bleu de votre chandail, votre conscience ne reconnaît pas que la couleur est bleue (elle ne reconnaît rien à ce stade). C'est le troisième agrégat des perceptions qui reconnaît et identifie la couleur comme étant bleue. La conscience, elle, n'est que la connaissance de l'expérience sensorielle qui se manifeste instant après instant à travers les portes des sens.

Ainsi, notre attachement à cette étiquette que nous aimons nous donner, celle d'« individu », de « personne » ou de « moi », est en réalité un attachement aux cinq agrégats. Et c'est cet attachement qui crée l'illusion profonde que nous vivons. Nous ne devons pas oublier que ces agrégats sont impermanents (comme tout dans ce monde) et en perpétuel changement. C'est pourquoi ils sont la cause de dukkha. Il n'y a pas de substance ou d'essence immuable que l'on puisse appeler « moi », ni dans les cinq agrégats, ni même en dehors d'eux. Le Bouddha a dit que tout ce qui est impermanent est dukkha.

Ainsi, de la même manière que les cinq agrégats naissent, grandissent, déclinent et meurent à chaque instant, vous-même naissez, grandissez, déclinez et mourez à chaque instant. C'est votre attachement à cette illusion créée par les cinq agrégats qui engendre le dukkha que vous ressentez à chaque moment de vos journées et de votre vie.

La vague

La renaissance est une notion fondamentale dans le bouddhisme, mais on entend souvent les gens parler plutôt de réincarnation. Vous avez sûrement déjà entendu quelqu'un dire que si vous n'êtes pas une bonne personne dans cette vie, vous vous réincarnerez en chien dans la prochaine vie – comme si c'était une punition pour vos mauvaises actions. Un jour, un homme est même venu à mon groupe bouddhiste dans l'espoir de se réincarner dans une vie future remplie de luxe et de confort. (Malheureusement pour lui, je lui ai expliqué quelles sont les vraies motivations à avoir sur le chemin bouddhiste, et que le bonheur futur ne se trouve pas dans les plaisirs éphémères – car ce sont justement l'une des racines de notre souffrance).

Je pense que beaucoup de gens confondent cette idée hindoue de la réincarnation avec la perspective bouddhiste de la renaissance. Les hindous croient en l'Atman (le Soi), tandis que les bouddhistes parlent d'Anatman (l'absence de soi). Pour les bouddhistes, puisque rien n'a de nature propre indépendante, on parle plutôt d'agrégats d'attachement au lieu d'une âme éternelle et immuable séparée du corps. Nous sommes des ensembles de phénomènes différents, mais cet attachement fait que nous prenons ces constituants pour un être, ce qui nous pousse à nous attacher à l'idée de l'ego. La renaissance, quant à elle, permet la croissance et la transformation – et c'est une bonne chose!

Il y a une continuité, car la mort ne signifie pas la fin du conditionnement. Le samsara forme un cycle de vies qui se succèdent selon la loi de causalité. Ce n'est donc pas l'individu (le soi) qui continue de vie en vie, mais plutôt le cosmos qui manifeste une autre forme de continuité. Une des meilleures explications que j'ai entendues est l'exemple de la vague.

Nous voyons une vague dans l'océan : nous voyons sa forme, le soleil qui se reflète dessus alors qu'elle s'élève, puis retombe sur la plage, avant d'être ramenée dans l'océan. L'eau qui formait la vague retourne à l'océan, où elle se manifestera à nouveau sous d'autres formes – peut-être une autre vague, ou autre chose. Ainsi, l'eau de la vague est toujours là. Mais cette vague ne sera plus jamais exactement la même – même si elle sera toujours faite de l'eau de l'océan. La renaissance est un autre aspect de notre inter-être.

C'est cette continuité que le Bouddha évoque dans la première noble vérité : notre naissance humaine est précieuse, car elle nous donne la possibilité de transcender ce cycle d'existence. Comprendre que nous sommes tous liés de cette manière nous donne aussi la motivation de pratiquer metta. Ce qui est bon pour les autres est bon pour nous aussi, car nous sommes tous dans le même bateau... ou océan!

Les cinq obstacles

Les cinq obstacles sont des états d'esprit négatifs qui peuvent nuire à notre pratique bouddhiste. Ils sont souvent décrits comme des obstacles à la méditation. Nous les connaissons tous très bien et pouvons les rencontrer chaque jour, que ce soit pendant la pratique formelle ou dans nos activités quotidiennes. Pour chaque obstacle, il existe un ou plusieurs antidotes. Grâce à eux, nous pouvons faire face à des difficultés qui peuvent parfois sembler insurmontables.

Les cinq obstacles sont : le désir des sens, la mauvaise volonté, la paresse, l'agitation et le doute.

Le désir des sens comprend les appétits du corps pour la nourriture, le sexe, les possessions, les expériences. Tous ces désirs peuvent troubler l'esprit et rendre la pratique beaucoup plus difficile, voire impossible. Le Bouddha, dans l'une de ses nombreuses métaphores, compare le désir sensoriel à une teinture qui colore une eau claire. L'eau claire reflète le visage de celui qui la regarde – elle représente un esprit paisible. Mais une eau teintée est troublée.

L'antidote au désir des sens est de réfléchir à l'impermanence des objets et des choses. Tout est impermanente : les choses se forment, durent un certain temps, puis changent ou disparaissent. Nous le constatons avec notre corps, nos biens et même nos amis et les gens autour de nous. Alors, si vous êtes toujours submergé par vos désirs, prenez un moment pour examiner ce qui vous rend insatisfait. Pourquoi toujours vouloir de nouvelles choses ? Êtes-vous insatisfait de votre vie ? C'est en allant à la racine de nos désirs que nous pouvons commencer à changer.

La mauvaise volonté fait référence à tous les états d'esprit agressifs : colère, hostilité, ressentiment, amertume. Le Bouddha a décrit l'esprit rempli de mauvaise volonté comme de l'eau qui mousse et bout. Elle n'est pas calme.

L'antidote à la mauvaise volonté est de cultiver la compassion envers les autres. La source de notre mauvaise volonté vient souvent du fait que nous voyons les autres comme différents de nous, comme séparés de nous. Nous devenons aveugles à l'interconnexion de la vie. Nous ne devons jamais oublier que tout le monde est pareil, même les animaux ; lorsque nous voyons que les autres ne sont pas différents de nous, nous commençons à développer de la compassion envers eux, ou au moins de l'empathie. C'est ainsi que nous pouvons désamorcer l'agressivité.

La paresse est un esprit lent et endormi. Un esprit terne et engourdi ne peut pas voir les choses telles qu'elles sont. Le Bouddha le compare à un bassin d'eau couvert de mousse et d'algues.

L'antidote à la paresse est assez simple. Nous pouvons ouvrir une fenêtre et laisser entrer un peu d'air, prendre une marche dans la cour, nous asperger le visage d'eau, méditer debout, boire un café, par exemple. C'est à nous de choisir comment nous allons le faire. L'important est de se réveiller et de devenir plus alerte. Nous pouvons également nous demander quelle est la cause de notre paresse : l'ennui, la maladie, ou autre. Nous pouvons réfléchir un peu pour trouver les causes de notre paresse. Reconnaître les causes peut ouvrir un espace créatif pour agir différemment.

L'agitation englobe de nombreux sentiments courants, tels que l'inquiétude, la peur ou l'anxiété. L'esprit agité est perturbé et préoccupé, il n'est pas prêt à apprendre ou à se développer. Le Bouddha compare cet esprit à une mare agitée par le vent, transformée en ondulations et pleine de vagues.

Cet obstacle nous rend tendus et irritables. Nous devenons surexcités et perturbés émotionnellement. Nous sommes incapables de nous concentrer sur quoi que ce soit – c'est parce que nous ne sommes pas dans le moment présent : nos pensées sont dans le passé ou dans le futur. L'antidote est de revenir au moment présent. Cela se fait par la méditation sur la respiration ou en observant ce qui se passe dans notre corps. Cette pratique nous remettra dans un état d'esprit plus clame afin de continuer. De plus, si nous sommes anxieux à propos de quelque chose, nous devons découvrir pourquoi – car c'est en comprenant la cause que nous pourrons alors commencer à changer.

Le doute signifie que l'esprit est rempli de questions et d'incertitudes : est-ce que je fais la bonne chose ? Est-ce que ma pratique est bonne ?

Serai-je capable de cultiver un esprit calme ? Est-ce que je perds mon temps ? Le Bouddha compare l'esprit rempli de doute à une eau troublée.

L'antidote le plus simple et le plus efficace au doute est de se poser des questions et de lire pour chercher des réponses. Vous pouvez trouver des livres ou des enseignants bouddhistes qui disent que le doute est inutile et qu'il faut simplement croire les enseignants sans les remettre en question – mais je vous encourage à questionner, à creuser. Interroger ce que nos enseignants nous transmettent peut être très utile, tant que c'est fait dans le but de mieux comprendre, et non d'humilier ou de discréditer les gens. Je pense que l'important est de cultiver la confiance dans la pratique et dans le chemin. Je prends souvent l'image du taxi dans une ville qu'on ne connaît pas : on fait confiance au chauffeur pour nous amener à destination. C'est la même chose avec le dhamma et nos enseignants/Bouddha. Lorsque nous prenons le temps d'examiner où vit le doute dans notre vie, et que nous ne le considérons plus comme un ennemi mais plutôt comme une opportunité de transformation, alors ce doute devient une porte vers la libération.

Les cinq obstacles sont traditionnellement considérés comme des barrières ou des entraves qui nous empêchent de voir les choses telles qu'elles sont et de pratiquer avec un esprit clair. Mais il faut aussi apprendre à vivre avec eux. Ce ne sont peut-être pas les meilleurs colocataires, mais nous pouvons voir les pensées et les sentiments négatifs comme

des incitations à pratiquer. Le maître Chögyam
Trungpa disait qu'ils sont comme le fumier qui aide
les cultures à pousser. Nous disposons également
d'antidotes qui nous aident à surmonter ces obstacles
et qui s'appuient sur des pensées et des émotions
positives. Les obstacles deviennent des instruments
de changement lorsque nous utilisons la bonne
approche/perspective.

Comment méditer
débutant

La méditation, parfois appelée pleine conscience, est une pratique souvent associée à la voie spirituelle bouddhiste. En fait, elle fait partie intégrante de la voie bouddhiste. La méditation dissipe le bavardage intérieur, créant une contemplation reposante et la libération telle qu'enseignée par le Bouddha. Il y a également plusieurs avantages à pratiquer la méditation quotidiennement. Quelle que soit votre motivation actuelle, il est important de suivre certaines instructions afin d'en tirer le plus grand bénéfice possible.

Quelques conseils pour avoir les meilleures conditions possibles (*l'essentiel*)

Il est important d'avoir un espace sans distractions. C'est un privilège qui est malheureusement limité pour vous. Un pénitencier ne vous offre pas beaucoup d'opportunités (sauf peut-être l'espace sacré). Faites de votre mieux pour essayer d'avoir votre propre cellule, peut-être lorsque votre compagnon de cellule travaille ou participe à un programme ; sinon tôt le matin avant qu'ils n'ouvrent les cellules ou après le dernier compte du soir si votre compagnon de cellule ne regarde pas la télévision ou ne ronfle pas trop fort.

Décidez de la durée de votre méditation. Je

suggère de commencer par cinq minutes au début et d'augmenter progressivement la durée. L'important est la fréquence de votre pratique et non les minutes en tant que telles. Respectez le temps que vous avez choisi. Si vous avez un minuteur, c'est l'idéal car vous n'avez pas besoin de regarder l'horloge de votre télévision tout le temps. Fermez les yeux et concentrez-vous sur votre respiration jusqu'à ce que votre temps soit écoulé.

La méditation elle-même

Asseyez-vous sur votre lit (si vous êtes au-dessus, vous pouvez vous asseoir sur votre chaise/tabouret), et assurez-vous que votre dos est bien droit. Une posture droite vous aidera à vous concentrer sur votre respiration car vous inspirez et expirez naturellement sans effort. Si vous êtes assis sur un coussin (je le plierais en deux car il n'est pas très grand, vous pouvez aussi utiliser votre serviette si elle est sèche en l'empilant sur l'oreiller), positionnez vos jambes de manière à être à l'aise. Vous pouvez les allonger devant vous ou les croiser en dessous de vous. L'important est de garder une posture droite et détendue.

Pour vous faire une idée de la posture de méditation typique (coussin ou chaise), vous pouvez vous fier aux dessins figurant dans l'annexe à la fin du livre. Bien entendu, ce n'est qu'une recommandation et vous pouvez modifier la posture pour la rendre plus confortable pour vous. L'essentiel est que vous soyez stable et solide dans votre posture.

Vous avez probablement déjà vu des personnes déposer leurs mains l'une par-dessus l'autre devant eux avec les pouces se touchant doucement, ou poser leurs mains sur leurs genoux, les paumes vers le haut ou vers le bas, pendant qu'elles méditent. Mais ne vous inquiétez pas si ces positions sont inconfortables, car l'important est de pouvoir calmer votre esprit et de vous concentrer sur votre respiration.

Il est également bon d'incliner le menton pour diriger légèrement le regard vers le bas ; vous pouvez fermer les yeux ou les garder ouverts pendant la méditation (je suggère quand même de fermer les yeux, au moins au début, pour bloquer les distractions visuelles), cela n'a pas d'importance. Inclinez le menton et la tête en regardant vers le bas (yeux ouverts ou non) pour aider à ouvrir la poitrine et faciliter la respiration.

Réglez votre cadran/minuteur lorsque vous êtes assis dans une position droite et confortable et que vous êtes prêt à méditer. Comme je l'ai déjà suggéré, une durée plus courte et réaliste est un meilleur moyen de commencer à construire et poursuivre votre pratique – il est important de ne pas en faire trop au point de vous décourager et de ne pas continuer. Il ne faut pas non plus se mettre trop de pression pour atteindre un état transcendantal après une semaine de pratique. En fait, les effets bénéfiques de la méditation peuvent être très subtils, alors ne vous attende z pas à des révélations spectaculaires. Vous voulez construire une pratique progressivement sur une base solide et stable. C'est pourquoi je dis que commencer par cinq minutes est parfait. Pensez à une maison en construction : commencez par la fondation, une brique à la fois.

Concentrez-vous sur votre respiration ; la méditation repose beaucoup sur la respiration. Au lieu d'essayer de ne pas penser aux choses qui vous dérangent tous les jours, concentrez-vous sur quelque chose de positif comme votre respiration. Vous amenez votre concentration sur vos inspirations et expirations. Vous verrez assez vite que toutes les pensées qui viennent de l'extérieur disparaissent d'elles-mêmes, inutile de vous en préoccuper et d'essayer activement de les ignorer. Lorsque vous vous concentrez sur votre respiration, essayez d'être aussi à l'aise que possible ; vous laissez votre attention se poser là où elle est la plus confortable, c'est-à-dire sur les poumons qui se dilatent et se contractent, sur l'abdomen qui monte et descend, ou sur l'air qui passe par le nez. J'ai déjà entendu dire que certaines personnes se concentrent sur le son de leur respiration.

L'objectif est d'être présent à chaque respiration, et non d'être en mesure de la décrire. Je ne veux pas que vous vous souciiez de pouvoir vous souvenir de ce que vous avez ressenti ou de pouvoir expliquer chaque moment et chaque expérience dans le futur. Vivez simplement chaque respiration, dans le moment présent. Lorsqu'une respiration est passée, vivez la suivante complètement. Vous ne devez pas penser à cette respiration avec votre esprit ; vous devez simplement en faire l'expérience à travers vos sens.

Si votre attention s'égare, ramenez-la simplement à votre respiration, sans jugement. Parfois, les pensées qui vous éloignent du moment présent sont liées à votre famille, à votre sentence, votre transfert, votre sentiment de sécurité, etc. L'essentiel est de revenir, encore et encore, au moment présent et à la respiration. Si cela vous semble difficile, vous pouvez choisir de vous concentrer sur l'inspiration plutôt que sur l'expiration – peut-être est-il plus facile pour vous de sentir l'air quitter votre corps. L'important, c'est de trouver de petites stratégies qui facilitent la concentration. Certaines personnes comptent leurs respirations lorsque rester dans le moment présent devient trop ardu. De nombreux méditants expérimentés continuent d'ailleurs à le faire, même après des années de pratique !

Méditer n'est pas toujours facile. Il y aura des jours où tout se passera bien, et d'autres où ce sera plus difficile. C'est pourquoi nous disons que la méditation est une pratique. Ne soyez pas trop dur avec vous-même, surtout si vous débutez. Au fil du temps, vous allez renforcer votre « muscle » de la méditation. Être attentif est un objectif à vie.

Comment construire un autel dans une cellule

Dans la tradition bouddhiste, on trouve souvent un autel à la maison, devant lequel on médite. L'autel sert de centre du rituel religieux bouddhiste et de lieu de contemplation profonde. Les offrandes placées sur l'autel sont une manière d'exprimer son engagement envers le chemin de l'éveil.

Je suis sûr que vous avez vu de beaux autels à la télévision ou dans des livres, mais en prison, il faut toujours se concentrer sur l'essentiel. Cela ne diminue en rien la valeur de l'autel que vous créez dans votre cellule. Votre autel est tout aussi sacré que celui de n'importe quel lieu sacré, ou même de divers temples, car chaque autel est une représentation physique et un rappel des qualités que l'on souhaite développer. De plus, il peut également servir de centre pour les offrandes, les rituels de purification, etc. Nous ne diminuerons donc pas son importance en fonction de son apparence ou de son extravagance (ou non).

Alors, où placer l'autel ? Chez soi, on a le privilège de pouvoir créer un petit sanctuaire dans une pièce calme et lumineuse, par exemple. Certaines personnes peuvent même consacrer une pièce entière à leur autel, car il est recommandé de ne pas y placer trop de choses. Peut-être dans une chambre à coucher, mais parfois, il n'y a pas de choix et c'est normal. Je vous suggère d'utiliser votre tablette la plus haute, celle où beaucoup placent leur télévision (vous pouvez toujours mettre cette dernière sur votre table), car elle est haute et un peu à l'écart, ce qui en fait un bon endroit pour créer un espace clair et tranquille dans votre cellule.

Comment installer l'autel ? Vous vous demandez où placer chaque chose ?

Généralement, un autel comporte des symboles du corps, de la parole et de l'esprit du Bouddha. La statue (si votre établissement ne permet pas d'avoir une statue pour des raisons de sécurité, votre intervenant spirituel pourra tout valider avec vous) est le symbole du corps du Bouddha. Les autels comportent toujours une statue ou une image (une des images à la fin de ce livre, une peinture ou peut-être une petite carte/carte postale que l'intervenant de soins spirituel bouddhiste pourrait vous offrir) de Bouddha Shakyamuni au centre. Vous pouvez aussi ajouter d'autres Bouddhas ou bodhisattvas ou ancêtres, mais ils sont toujours placés sur les côtés – le Bouddha est toujours au centre car tout part de lui.

Ensuite, à la droite du Bouddha (donc à votre gauche lorsque vous êtes assis face à l'autel), vous placez des textes du Dhamma (comme le Sutra du Cœur que vous trouverez à la fin de ce livre). Vous pouvez toujours changer pour un autre texte s'il vous parle davantage ; l'important, c'est qu'il s'agisse de paroles attribuées au Bouddha, appelées suttas[18] . Le texte représente la parole du Bouddha.

---

18 Sutta, pali. Sutra, sanskrit.

Puis, à la gauche du Bouddha (donc à votre droite lorsque vous faites face à votre autel), nous avons un stupa[19] qui représente l'esprit du Bouddha. À la fin de ce livre, vous trouverez une image du temple de la Mahabodhi à Bodh Gaya. C'est à cet endroit que le Bouddha Shakyamuni a atteint l'Éveil.

Je sais que vous pourriez vouloir avoir un autel plus élaboré comme celui que l'on voit dans les temples, avec des représentations des trois principales lignées bouddhistes. Mais comme il peut y avoir des fouilles de cellule et que les normes de sécurité varient selon le pénitencier, il est parfois plus prudent de garder l'autel aussi essentiel et simple que possible pour éviter que les objets ne soient maltraités ou cassés. (Pendant ces fouilles, un intervenant en soins spirituel ou un ainé devrait être présent pour manipuler les objets sacrés – pour s'assurer que tout est fait avec respect et soin). En fait, ce type de minimalisme est très prisé dans les traditions zen, où « moins c'est plus ». Lorsque vous serez libre, vous pourrez créer un autel qui reflète davantage votre vision.

Maintenant que votre autel est installé, vous pouvez vous permettre de vous arrêter et de le regarder de temps en temps au cours de la journée, surtout si vous traversez une période difficile ou si vous ressentez de l'agitation et de fortes émotions. Vous avez peut-être l'impression d'être submergé

---

19 Stupa, pali et sanskrit. Chorten, tibétain. Pagode, chinois, coréen ou japonais.

par des émotions difficiles… et pourtant, vous voyez votre Bouddha assis là, calme, si calme, même au cœur de la tempête. À ce moment-là, rappelez-vous que vous aussi pouvez être comme cela ; en espérant que cette prise de conscience contribuera à faire ressortir cette énergie calme qui vit déjà en vous.

Régime alimentaire bouddhiste

Pendant votre sentence, l'alimentation prend une place importante et il peut y avoir des exceptions accordées pour des raisons religieuses ou morales, mais chaque demande doit être examinée avant d'être acceptée ou refusée. Le végétarisme est devenu un choix alimentaire beaucoup plus courant. Les raisons varient : la religion, la conviction morale pour le traitement des animaux, l'environnement, ou même simplement la santé. Mais, en ce qui concerne le bouddhisme, ce n'est pas forcément vrai que tous les bouddhistes sont végétariens ou végétaliens.

Pourquoi les gens pensent-ils que tous les bouddhistes sont végétariens ? Je dois admettre que je ne sais pas pourquoi. Cela vient peut-être de l'image que l'on nous vend du bouddhisme dans la culture générale ici en Occident. Beaucoup croient également que les édits du roi Ashoka (257 av. J.-C.), un roi bouddhiste indien qui est honoré dans les écoles Theravada et Mahayana, interdisent les sacrifices d'animaux et encouragent le végétarisme.

Pour les Theravadins, ce n'est pas vraiment le cas, car les moines ont pour instruction d'accepter avec équanimité et gratitude ce que les villageois leur offrent pendant leur tournée d'aumônes chaque matin. Cela signifie que la nourriture offerte peut inclure de la viande; ils ne devraient pas refuser la générosité des gens qui les soutiennent – ce ne serait pas approprié. Cependant, de nombreux bouddhistes choisissent tout de même de suivre un régime végétarien.

Parfois, nous mélangeons les pratiques culturelles et religieuses, mais cela ne veut pas dire que la culture ne peut pas influencer la religion, ou l'inverse. Oui, dans l'Inde ancienne, la plupart des gens étaient végétariens. La viande était réservée aux riches.

Ce contexte historique ou culturel n'est peut-être pas la raison pour laquelle nous souhaitons devenir végétariens en lien avec nos croyances bouddhistes. Souvent, les gens s'appuient sur le premier précepte que nous prenons lorsque nous devenons bouddhistes. Le premier précepte que nous nous engageons à suivre est celui de « respecter la vie » ou de « ne pas tuer/ne pas ôter la vie ». C'est vrai – devenir végétarien semble une manière simple de réduire le nombre de vies prises pour ce qu'il y a dans notre assiette. Pour ma part, lorsque je suis devenu bouddhiste et que j'ai pris refuge, j'étais déjà végétarien, par conviction morale, pour un traitement juste des animaux. Ma décision était déjà prise, donc cela n'a pas été un grand changement pour moi. Si vous réfléchissez à devenir végétarien en tant que bouddhiste, sachez que c'est une question tout à fait légitime, mais il n'est pas nécessaire d'y répondre immédiatement.

Je vous encourage à méditer sur cette question. Ce que j'apprécie dans les préceptes bouddhistes, c'est qu'ils ne sont pas rigides et peuvent évoluer tout au long de notre pratique et de notre cheminement.

Et si je vous invite à réfléchir à tout cela, c'est parce que votre situation est différente de celle de quelqu'un à l'extérieur ferait le même choix. Ici, un régime végétarien sera remis en question, analysé avec une certaine méfiance et perçu comme un privilège (même si ce n'est pas le cas à mes yeux). Tout ce qui vous distingue du groupe est souvent vu comme un privilège. Quand vous mangez végétarien en prison, vous devez vous rappeler qu'il y aura moins de variété (plusieurs m'ont dit qu'il y avait beaucoup trop de pois chiches!), votre cantine sera révisée (ce qui peut poser problème si vous achetez des produits d'origine animale pour rembourser une dette – nous savons tous que les dettes ne sont pas autorisées, mais c'est quand même une pratique courante), et si l'on remarque que vous ne mangez jamais de produits animaux (les personnes suivant un régime spécial ont rarement accès à un deuxième plat/service comme ceux qui mangent « sur la ligne ») – vous pourriez tout perdre. Je ne dis pas cela pour faire la morale, car vous pouvez consommer des produits d'origine animale et rester engagé votre pratique bouddhiste. Je ne suis pas là pour juger, mais je préfère être honnête. Oui, on attend des personnes qui suivent un régime par conscience ou pour des raisons religieuses qu'elles soient parfaites dans leur alimentation ; ce n'est pas forcément juste, mais c'est la réalité.

Tout cela pour dire qu'il faut prendre le temps d'y réfléchir, continuer à méditer et approfondir ses connaissances des enseignements bouddhistes. Vivre une vie de compassion et de sagesse peut prendre différentes formes selon chacun ; trouvez votre place sur votre chemin spirituel et le soutien viendra en conséquence. En bref, il n'est pas obligatoire d'être végétarien pour être bouddhiste ; vous pouvez très bien cultiver la compassion d'autres manières si vous en avez envie.

S'asseoir dans le feu

Une réalité difficile de la détention, c'est que nos proches purgent eux aussi leur peine à leur manière, ce qui peut mettre beaucoup de stress sur les relations. Parfois, cela mène à une rupture, car la peine est une réalité trop difficile à supporter pour l'autre. Parfois, non seulement la relation prend fin, mais votre ex-partenaire trouve quelqu'un d'autre pendant que vous êtes encore en prison, et vous l'apprenez par hasard ou de manière brutale. Cette douleur vous brûle de l'intérieur ; le sentiment d'impuissance, de simplement en être témoin doivent être si difficiles. La pratique que je vais vous partager m'a beaucoup aidé dans mes moments difficiles, elle s'appelle « s'asseoir dans le feu ».

La première noble vérité du Bouddha est que les gens éprouvent le dukkha, ce sentiment d'insatisfaction ou de souffrance, cette impression que quelque chose ne va pas. Les émotions que vous ressentez après une rupture sont intenses (ce qui est tout à fait normal). Lorsque la douleur est aussi vive, il est naturel de se tourner vers la méditation pour la soulager. Mais vous l'avez vite compris : parfois, la méditation ne pourra pas soulager la douleur que vous ressentez – la méditation sur la respiration ne vous apportera ni répit ni calme mental. Dans ce cas, la meilleure option/solution est de vous asseoir simplement au cœur de cette douleur, dans votre feu intérieur. Pendant toute la durée de la méditation,

restez simplement assis dans le feu et essayez de
ne pas chercher une méditation particulière pour
éteindre le feu – asseyez-vous simplement là.

C'est normal, dans ces moments-là, que vous
vous sentiez comme un petit enfant assis sur une
chaise, les pieds dans le vide. Mettre fin à une
relation à long terme, c'est comme perdre le sol
sous nos pieds. C'est là que vous devez apprendre
à vous détendre face à la douleur. C'est normal
de vouloir fuir cet endroit en vous, de ressentir
que cela fait mal, que vous n'êtes pas aimé, ou que
cette souffrance est insupportable. Alors, vous
commencez à respirer, et vous réalisez que vous êtes
à un moment charnière (l'histoire est en train de
changer – et c'est un grand changement). Vous devez
apprendre à aller au fond de cette douleur – même si
cela donne l'impression de mourir.

Lorsque vous avez atteint le fond de cette
douleur, vous avez l'impression d'avoir interprété
la situation comme si quelque chose n'allait pas
chez vous. Mais si vous vous détendez dans cette
sensation, vous verrez qu'elle circule en vous et que
vous n'êtes pas mort après tout. Elle disparaîtra ; vous
comprendrez alors que c'est votre résistance à l'idée
de ne pas être aimable qui rend la douleur encore
plus forte.

Rappelez-vous : il n'y a rien dans votre vie qui
soit séparé de votre pratique spirituelle. Votre vie
entière est votre pratique, vingt-quatre heures sur
vingt-quatre – vous ne pouvez pas y échapper. La
raison pour laquelle vous pratiquez la méditation

formelle est qu'elle vous rapproche des états d'esprit que vous vivez en temps de crise. Ainsi, lorsque vous pratiquez la méditation, ne fuyez pas ce qui se passe dans votre corps ou dans votre esprit ; ce sont simplement des expériences du moment présent.

Avec le temps, vous pourriez découvrir que vous tourner vers votre inconfort devient une source de bonheur. Car lorsque vous évitez la douleur, vous êtes enfermé dans un cycle de souffrance. Le Bouddha enseigne que ce que nous croyons solide ne l'est pas – tout est fluide. C'est une énergie dynamique.

Ces moments difficiles peuvent devenir comme des portails, des portes vers un état d'esprit différent. Habituellement, lorsque vous ressentez de la douleur, votre instinct de l'éviter est souvent renforcé, ou la douleur conduit à d'autres habitudes qui viennent d'une fausse croyance : que quelque chose ne va pas en soi. Mais si vous acceptez pleinement l'expérience, comme je vous encourage à le faire, cela peut ouvrir la porte à ce que l'on appelle « le présent intemporel ».

Il n'y a rien de mal à penser et à ressentir des émotions, mais ce qui crée la souffrance, c'est de vous y identifier, de les croire solides. Mais si vous ne vous identifiez pas à elles, vous commencez à voir la vie comme une sorte de film dont vous êtes le personnage principal. Il faut alors laisser tomber le scénario et vivre ce qui se passe vraiment, sans vous blâmer vous-même – ni personne d'autre. Ne devenez donc pas dépendant de l'histoire qui rumine en boucle dans votre esprit. Car quand l'histoire se répète sans cesse, nous perdons notre équilibre et notre intelligence. Mais si vous remarquez ce qui se passe, vous pouvez choisir un autre chemin, une nouvelle alternative. Si vous continuez à faire ce que vous avez toujours fait, vous ne vous en libérerez jamais.

Le meilleur conseil que je puisse vous donner, c'est de rester dans l'immédiateté de l'expérience. La solution est de commencer à inspirer et à expirer. Ce n'est pas un grand acte spirituel, c'est juste une manière de remplacer votre réaction habituelle. Cela garantit que si vous ne réagissez pas comme d'habitude, l'envie passera et vous passerez à autre chose. De plus, lorsque vous n'avez pas votre réaction habituelle, vous voyez qu'il y a au moins deux issues possibles, et le désir de retomber dans l'ancienne disparaît tranquillement. J'espère que cela vous aidera pendant les moments difficiles, je sais que cela peut être très difficile.

Bateau vide

La colère est une émotion très courante en prison. L'endroit est une fontaine de possibilités pour vivre la frustration, la déception, les difficultés, etc. Je comprends les personnes qui me disent qu'à force, tout semble les déranger, et qu'elles se sentent en colère tout le temps. Après plusieurs années à travailler dans le système carcéral, j'ai pu constater à quel point il est difficile de vivre sur les différentes unités – qu'il est pratiquement impossible de trouver un endroit où être seul, en paix, dans le silence. Cette quête d'un lieu calme et paisible, loin du chaos de la vie en détention, me fait penser à l'enseignement du « bateau vide » :

> Un moine veut méditer seul, mais il vit dans un monastère où il est difficile de trouver un endroit où il puisse être seul. Loin du monastère, il décide de prendre un bateau et se dirige vers le milieu du lac, où il ferme les yeux et commence à méditer. Après un long moment de silence et de calme, il sent soudain le choc d'un autre bateau qui heurte le sien.
>
> Les yeux toujours fermés, il commence à sentir sa colère monter et envahir tout son corps. Il ouvre les yeux pour crier sur la personne qui a osé le déranger en pleine méditation ! Mais quand ses yeux s'ouvrent,

il ne voit qu'un seul bateau vide, non amarré et flottant au milieu du lac...

C'est à ce moment-là que le moine réalise enfin que la colère est en lui ; il suffit d'un élément extérieur pour la faire surgir. Ce moment devient pour lui une leçon profonde. Par la suite, lorsque quelqu'un l'irrite ou provoque sa colère, il se rappelle que l'autre n'est qu'un bateau vide et que la colère vient de l'intérieur.

Nous aimons imputer notre colère à des phénomènes extérieurs, à des personnes ou à des circonstances désagréables ou inconfortables. Mais en réalité, ces éléments extérieurs ne font que heurter la colère qui est en nous. Ces facteurs ne sont que des bateaux vides qui nous frappent pour la perturber et la faire surgir en nous.

Lorsque nous sentons la colère monter, que nous nous sentons blessés, indignés, ou en conflit avec quelqu'un, c'est le moment idéal pour nous rappeler cet enseignement. Pouvons-nous abandonner notre attachement à la corde qui agrippe le bateau vide, regarder notre propre bateau et guérir notre propre colère? Car la colère réside dans notre bateau, et dans le nôtre seulement.

Personnellement, lorsque je vis une situation où je ressens de la colère, je me dis doucement : « bateau vide ». Un simple rappel, parfois, un rappel qui me fait rire car je vois à quel point je dois être plus bienveillant envers moi-même dans ces moments-là.

Un simple petit rappel comme celui-ci peut aider à éviter les situations où notre colère peut empirer les choses et causer des dommages irréparables. Ainsi, chaque fois que vous sentez qu'une personne ou une situation dérange et suscite de la colère – bateau vide, ce n'est qu'un bateau vide qui perturbe votre paix intérieure en réveillant une colère déjà présente en vous.

Ralentir

J'ai eu de nombreuses conversations avec des personnes qui avaient du mal à s'adapter au rythme de vie en prison, comparé à celui qu'elles connaissaient avant leur arrestation. Il est vrai qu'à l'extérieur, nous glorifions le fait d'être occupé, comme si un emploi du temps chargé était un signe de réussite. Alors, il est tout à fait normal de ressentir un choc au début de notre peine. Les journées sont longues, elles se ressemblent toutes, et souvent, il ne se passe pas grand-chose. La période d'accueil (l'évaluation initiale de 3 mois) de votre peine est moment d'ajustement important. Non seulement la peine devient plus réelle et tangible, mais il faut aussi apprendre à ralentir le rythme de vie que vous aviez à l'extérieur. Alors, comment passer d'un horaire complètement chargé à un horaire complètement vide ?

Ce n'est pas facile. Toutes les transitions dans la vie ne sont pas faciles et il faut du temps pour s'y adapter. Il n'est donc pas surprenant que la transition de la vie à l'extérieur vers la vie en pénitencier soit l'une des plus difficiles que vous vivrez dans votre vie. Lorsque vous étiez en détention provinciale, il y avait encore l'espoir d'éviter une peine fédérale; votre sentence n'était pas connue et tout à fait réelle à un certain niveau - maintenant, elle l'est. Il faut se préparer à notre sentence. Longue ou pas, tout est relatif. Deux ans, c'est quand même une longue période. Il ne faut pas minimiser le temps qui nous est imposé; il faut juste apprendre à en tirer le meilleur. Donc, vous aviez un style de vie occupé à l'extérieur, ce qui veut dire qu'ici, pour bien vivre, il faut apprendre à ralentir...

Beaucoup d'entre nous aiment être occupés, nous valorisons un emploi du temps chargé – nous glorifions le fait d'être occupé par-dessus tout, mais ce n'est pas forcément ce dont nous avons besoin. Un rythme de vie chargé, rapide et effréné peut nous donner un sentiment d'accomplissement et de réussite, mais à la base, ce n'est pas nécessairement le cas. Apprendre à ralentir est bénéfique, mais c'est un art, une pratique. Souvent, lorsque nous marchons rapidement vers une destination, nous remarquons que nos pensées sont déjà à destination, alors que notre corps, lui, est encore en chemin.

Pouvons-nous faire en sorte que notre esprit ne quitte pas notre corps lorsque nous bougeons ? Lorsque nous marchons, pouvons-nous rester dans notre corps ? Sentir le corps bouger, avancer, le vent sur notre visage, et ainsi de suite ? Lorsque nous prenons une douche, même chose : pouvons-nous porter notre attention sur le corps, le savon, l'eau qui enlève le savon, les parfums, les températures?

Alors, quand nous commençons à ralentir, pouvons-nous examiner cette pression intérieure qui nous fait ressentir le besoin d'être occupés ? Ressentons-nous le désir de créer le« « je » qui fait ces activités ? Mais pouvons-nous simplement ressentir les qualités du moment, des mouvements ?

Lorsque nous prenons le temps de ralentir et d'être présents, nous réalisons rapidement cet ancien besoin d'être occupés. Être calme et attentif sont deux des fruits de la pratique bouddhiste.

Je sais que le temps passe lentement pendant la période d'accueil, mais lorsque nous sommes vraiment présents, nous constatons que chaque instant est rempli d'expériences qui se produisent simultanément et en continu.

L'opinion des autres

Être en prison peut être stigmatisant. Malheureusement, certaines personnes ont du mal à se détacher de l'image liée aux crimes qui les ont conduits en prison, et ont l'impression que ce moment de leur vie les suivra toujours. Il est tout à fait normal de sentir qu'il y a plus d'obstacles que d'ouvertures lorsqu'on est incarcéré. L'opinion des autres, ou ce que nous percevons comme étant l'opinion des autres, peut être un fardeau dont il est difficile de se libérer. Voici un exemple de question que je reçois à propos de l'opinion des autres :

> « J'ai beaucoup de mal avec la façon dont le personnel (agents et employés) me regarde; je ressens du jugement, alors qu'ils ne me connaissent même pas. Je me dis que ce sera pareil quand je sortirai, que ces regards me suivront pour toujours. »

Les opinions que les autres ont de vous ne vous appartiennent pas, et elles ne reflètent pas qui vous êtes réellement. Je dis souvent : « Ce que les autres pensent de moi ne me regarde pas », ce qui signifie que je n'ai aucun contrôle sur la façon dont les autres me perçoivent. Alors, rappelez-vous que ce que les gens projettent sur vous parle souvent plus d'eux-mêmes que de vous. Malheureusement, il y a peu de choses que vous puissiez faire pour changer leurs opinions. Ces personnes sont attachées à des points de vue rigides, sans ouverture ni souplesse – et ce n'es pas à vous de les convaincre ou de les faire changer. De plus, toute cette énergie est concentrée sur une seule partie de votre identité.

Vous avez peut-être déjà entendu parler du concept de l'intersectionnalité dans les milieux de la justice sociale. Ce concept s'applique aussi dans ici : vous êtes une personne dans le système judiciaire, mais vous êtes aussi un père, un mari, un fils, un collègue de travail, et bien plus encore. Oui, quand on est en détention, les gens ont tendance à se concentrer uniquement sur une seule facette de notre identité. Mais c'est à vous de vous rappeler toutes les autres parties de vous-même. Vous êtes plus que ce qui vous a amené ici, et c'est grâce à ces autres identités que vous pourrez rester une bonne personne, quelqu'un qui a toujours quelque chose à offrir aux autres.

Alors oui, les gens vont vous juger et vous traiter injustement. Ils vont s'accrocher à leurs préjugés et à leurs jugements, sans vous connaître ni comprendre toutes les causes et conditions qui vous ont mené là où vous êtes aujourd'hui – mais cela leur appartient. Je ne minimise pas ce que vous avez fait, et je sais que vous non plus. Mais je crois fermement que lorsqu'on a une vision plus complète d'une personne, on développe plus d'empathie et de compréhension pour sa situation. Parfois, il est plus facile de juger quelqu'un quand on ne le connaît pas. Je suis certain que certains de vos propres préjugés ont été remis en question avec les gars avec qui vous avez purgé votre peine. Peut-être que vous avez changé d'avis sur certains « types » de personnes, en construisant une relation plus personnelle avec eux, pour réaliser que nous sommes tous plus qu'une seule chose.

Lorsque j'ai commencé ma pratique, je pensais que tout le monde autour de moi devait changer. Avec le temps et la sagesse que j'ai accumulée, je me rends compte que c'est moi qui dois changer – parce que je suis la seule personne que je peux vraiment contrôler. La seule chose que vous pouvez faire, c'est d'être la meilleure version de vous-même, et de ne pas être trop dur envers vous-même – il y a suffisamment de personnes qui vous jugent ; vous n'avez pas besoin de rejoindre ce chœur de voix. La seule chose qui vous appartient dans cette vie, ce sont vos actions. Alors, soyez la meilleure personne possible à chaque instant et peut-être que vos actions, vos comportements, changeront certains cœurs et esprits.

Angulimala

Les récits de transformation spirituelle peuvent être une grande source d'inspiration. Elles peuvent nous être très utiles lorsque nous traversons des moments difficiles. L'espoir peut être une force puissante. Il peut nous faire croire que le changement est possible et que les choses peuvent être différentes – que si l'on fait le travail intérieur, on peut vivre des transformations profondes qui nous aideront à guérir et à aller de l'avant. On me demande souvent s'il existe des histoires inspirantes, particulièrement pour les prisonniers.

Je ne peux pas parler pour les autres religions, mais dans le bouddhisme, il y a l'histoire d'Angulimala, souvent utilisée comme symbole de transformation spirituelle. C'est une histoire qui montre que n'importe qui peut changer sa vie pour le mieux, même les personnes que l'on croit les moins susceptibles de la faire

Parmi les bouddhistes, l'histoire d'Angulimala est l'une des plus connues. Elle montre que même les pires personnes peuvent surmonter leurs défauts et revenir sur le droit chemin. Elle montre clairement comment le bon karma peut détruire le mauvais karma. Les bouddhistes considèrent Angulimala comme un symbole de transformation complète, et comme une preuve que la voie bouddhiste peut transformer même les personnes les moins probables. Les bouddhistes ont élevé l'histoire

d'Angulimala comme exemple de la compassion
et des réalisations surnaturelles du Bouddha.
La conversion d'Angulimala est citée comme un
témoignage de la puissance et des qualités curatives
de l'enseignement du Bouddha (le Dhamma).

Dans cette histoire, le Bouddha relie la notion
de « ne pas nuire » à la tranquillité, une tranquillité
qui est à la fois la cause et le fruit de ne pas nuire. De
plus, le récit illustre que cette tranquillité possède une
force spirituelle, car le Bouddha surpasse la violence
d'Angulimala. Même si cela est présenté comme un
pouvoir surnaturel du Bouddha, le sens profond
est que la personne spirituellement résolue avance
plus vite que celle qui agit dans l'action. En d'autres
termes, l'accomplissement spirituel n'est possible que
par la non-violence. De plus, cette tranquillité fait
référence à la notion bouddhiste de libération du
karma : même si l'on ne peut pas échapper à la loi
infinie de la rétribution karmique, on peut au moins
réduire son poids en pratiquant la non-violence.

L'histoire d'Angulimala montre aussi comment
les criminels sont influencés par leur environnement
psychosocial et physique. Beaucoup pensent que
l'on commence à tuer lorsque notre système moral
s'effondre. Cette attitude pourrait se résumer ainsi :
« Je n'ai aucune valeur ; par conséquent, je peux
tuer. Si je tue, cela prouve que je n'ai aucune valeur.
» En résumant la vie d'Angulimala, nous pouvons
dire qu'il est un personnage qui fait le lien entre
donner et ôter la vie. De même, en se référant au
concept psychologique de blessure morale, nous

pouvons décrire Angulimala comme quelqu'un qui a été trahi par une figure d'autorité, mais qui parvient à retrouver un code moral et à réparer sa relation avec la communauté que ses actions ont affectée. Les survivants d'une blessure morale ont besoin d'un accompagnement thérapeutique d'une communauté qui font face aux défis ensemble, de manière sécurisante. De la même manière, Angulimala parvient à se remettre de sa blessure morale grâce au Bouddha comme guide spirituel, et à une communauté monastique qui mène une vie disciplinée et tolérante face aux épreuves. L'histoire d'Angulimala peut être utilisée comme une sorte de thérapie narrative, et l'éthique présentée dans l'histoire comme une responsabilité inspirante. L'histoire ne parle pas d'être sauvé, mais plutôt de se sauver soi-même avec l'aide des autres.

De nombreuses personnes ont écrit sur l'histoire d'Angulimala et ses implications pour le système judiciaire. Elles pensent que, selon l'éthique bouddhiste, la seule raison valable de punir une personne délinquante serait de transformer son caractère. Ainsi, si une personne comme Angulimala s'est déjà réformée, il n'y aurait plus de raison de la punir, même à titre dissuasif.

L'histoire d'Angulimala est souvent décrite comme le premier exemple de justice transformatrice ou réparatrice. Cela est illustrée par Angulimala, sa renonciation totale à son ancienne vie de bandit, et le pardon qu'il reçoit de la part des proches de ses victimes.

Voici l'histoire d'Angulimala :

Les écritures bouddhiques rapportent qu'un jour, après son repas, le Bouddha quitta le monastère où il séjournait et se dirigea vers une grande forêt. Le voyant partir dans cette direction, plusieurs personnes travaillant dans les champs l'appelèrent pour le prévenir que dans cette forêt vivait le redoutable Angulimala.

On sait peu de choses sur Angulimala, mais le récit habituel de sa vie le présente comme le fils d'une famille riche et, à une époque, un brillant étudiant à l'ancienne université de Taxila, dans le nord-ouest de l'Inde.

À Taxila, d'autres étudiants étaient jaloux de lui et parvinrent à empoisonner l'esprit de leur professeur contre lui, au point que ce dernier lui demanda de payer ce qu'il croyait sûrement être des frais de fin d'études impossibles : mille petits doigts humains de la main droite. Incroyablement, au lieu d'abandonner et de rentrer tranquillement chez lui sans diplôme, le jeune homme se mit à rassembler ces doigts pour payer les frais. Il découvrit sans doute rapidement que les gens n'étaient pas enclins à donner volontairement leurs petits doigts, et il fut donc contraint de recourir à la violence et au meurtre pour les obtenir.

Il découvrit alors qu'il n'avait nulle part où mettre ses doigts. Il essaya de les suspendre à un arbre, mais les oiseaux les volèrent. Sa solution fut donc de les porter autour du cou. Pour cette guirlande macabre et sanglante de doigts sanglants qui s'allongeait, il fut surnommé Angulimala, ce qui signifie « guirlande de doigts » ou « collier de doigts ».

C'était l'homme qui, depuis sa tanière, vit le Bouddha s'approcher de lui, et qui, ce jour-là, portait neuf cent quatre-vingt-dix-neuf petits doigts autour du cou. Ce tueur en série puissant et athlétique, qui avait déjà résisté avec succès à plusieurs tentatives d'arrestation, saisit ses armes et se précipita pour assassiner le Bouddha et compléter son compte.

Angulimala pensait le rattraper facilement et terminer rapidement son travail, mais une chose très étrange se produisit : bien que le Bouddha marchât tranquillement et sans hâte, Angulimala, malgré sa force et sa vitesse redoutables, se rendit compte qu'il ne pouvait par le rattraper. Finalement, épuisé, en colère, frustré et trempé de sueur, Angulimala cria au Bouddha de s'arrêter.

Alors le Bouddha se retourna et, sans colère ni peur, parlant calmement et directement, il dit à Angulimala que lui, le

Bouddha, s'était déjà arrêté. Il avait cessé
de tuer et de blesser, et c'était maintenant à
Angulimala d'en faire autant. Angulimala fut
tellement frappé par ces paroles qu'il s'arrêta
immédiatement ; il jeta ses armes et suivit
le Bouddha jusqu'au monastère, où il devint
moine.

Plus tard, le roi, ignorant ce qui s'était
passé, arriva à la tête de ses troupes pour
arrêter Angulimala. Étant un monarque très
pieux, il vint rendre hommage au Bouddha
et l'informer de ce qu'il faisait. Le Bouddha
demanda au roi quelle serait sa réaction s'il
découvrait qu'Angulimala était assis parmi
cette assemblée de moines.

Pour le roi, il était tout à fait incroyable
qu'un homme aussi grossier et pervers
puisse être moine bouddhiste et siéger
parmi des personnes aussi illustres, mais
si tel était le cas, répondit-il, il lui rendrait
certainement hommage et lui ferait des
offrandes. Le Bouddha tendit alors la main
droite et, pointant, annonça qu'Angulimala
était assis juste là.

Quand il eut maîtrisé sa peur et
repris ses esprits, le roi, après avoir rendu
hommage, dit au Bouddha combien il était
incroyable que « Ce que nous avons essayé
de faire par la force et avec des armes,
vous l'ayez fait sans force ni armes ! » Au
fil du temps, après une période d'épreuves

personnelles, Angulimala réussit finalement
à purger son esprit de toute avidité, haine
et illusion, et réalisa par lui-même le but
bouddhiste de l'Éveil.

L'histoire d'Angulimala nous enseigne que la
possibilité de l'Éveil peut être surgir même dans
les circonstances les plus extrêmes, que les êtres
humains peuvent réellement changer, et qu'ils sont le
plus souvent transformés non par la force, mais par
la persuasion – et surtout par l'exemple.

La puissance de la pratique
(lettre reçue d'un résident en prison)

Salut Samaneti,

Merci beaucoup pour votre enseignement sur Angulimala. Même si cet enseignement date de très longtemps, je trouve qu'il me parle encore aujourd'hui. C'est une chose que j'aime beaucoup dans les enseignements bouddhistes : ils sont intemporels, et je trouve qu'ils résonnent dans ma propre vie. Ce n'était pas la première fois que vous me parliez de ce personnage mythique, mais cette dernière fois, en retournant dans ma cellule, j'ai pris un moment pour réfléchir à la manière dont ce chemin spirituel est essentiel pour personnes qui transforment leur vie. Pendant cette réflexion, j'ai pris un moment pour penser à ma propre histoire (sans trop en dire pour préserver mon anonymat) et à la façon dont le bouddhisme m'a énormément aidé – en espérant que mon témoignage puisse aider ou encourager d'autres personnes à se tourner vers cette pratique.

Comme vous le savez, mon enfance n'a pas été facile. J'étais un enfant issu d'une famille modeste, souvent harcelé et ridiculisé par des enfants de familles plus aisées. Pendant de nombreuses années, j'ai été terrorisé psychologiquement et physiquement – le rejet a fait des ravages ; détruit, je me suis replié sur moi-même.

À l'adolescence, ma famille a déménagé dans un nouveau quartier – c'est là que j'ai rencontré un groupe de jeunes délinquants qui m'ont tout de suite accepté tel que j'étais. Nous commettions de petits délits à répétition, et je me disais qu'ils étaient mes vrais amis. À l'âge adulte, après plusieurs allers-retours en prison, entouré de criminels bien plus dangereux, j'ai commencé à me dire que je voulais devenir important comme eux.

J'ai rejoint un gang de braqueurs de banques très respectés dans le milieu – je me disais qu'avec de l'argent, je pourrais avoir tout ce que je voulais matériellement, en plus du respect et de l'admiration, puisque j'avais atteint le sommet du crime. J'ai alors commencé à ôter des vies humaines pour cette organisation, ce qui m'a rendu très important dans sa hiérarchie – du moins, c'est ce que je croyais.

Un jour, je me suis posé la question : est-ce que cette vie criminelle me donnait vraiment la vie que j'aurais dû avoir dans mon enfance? C'est au cours de cette réflexion que j'ai réalisé qu'il était de plus en plus difficile de vivre avec le fait de tuer. En analysant ma vie, j'ai vu les actions de ceux que je croyais être mes amis – mensonges et manipulations fréquentes. J'ai commencé à me méfier d'eux, je ne leur faisais plus confiance.

Ayant eu de mauvaises expériences dans le passé, notamment sur le plan religieux, je me disais que personne ne pouvait m'aider. Je vivais seul et replié sur moi-même, silencieux, fermé à toute personne qui essayait de m'aider après mon incarcération. Je pensais que les gens voulaient que je m'ouvre pour obtenir quelque chose et non pas pour m'aider à guérir de mes multiples traumatismes.

Un jour, j'ai observé de loin les gestes et les paroles d'un enseignant bouddhiste qui venait dans mon secteur de la prison. Très progressivement, mes soupçons et ma méfiance ont commencé à diminuer. C'était comme si les enseignements de cette personne m'avaient envoyé un signe – car au fond de moi, je savais que je devais tourner la page et commencer à guérir pour changer – mais je refusais encore d'affronter les choses en face. Mais cet enseignant m'a appris à ne pas fuir la réalité – à savoir dire les choses honnêtement et à en prendre la responsabilité – pour réussir à démonter, brique par brique, les murs qui me protégeaient de la réalité. À appeler les choses par leur vrai nom et à les reconnaître – ce qui a libéré des émotions profondes que je n'avais plus besoin de retenir.

Ces enseignements m'ont appris que je ne pouvais pas changer le passé, mais que je pouvais voir ma vie présente différemment et créer les causes et conditions de mon avenir. J'ai découvert un nouveau monde, et j'ai vu que ce nouveau monde avait bien plus de valeur qu'auparavant – des valeurs qui donnent un sens à mon existence.

Aujourd'hui, j'aime ce que je suis devenu (même si je suis toujours en prison). Le côté spirituel du bouddhisme et la méditation – c'est le plus beau cadeau pour moi. Merci, Samaneti, de m'avoir donné tous ces ingrédients pour éveiller une vision plus positive de la vie. J'espère aussi que mon histoire inspirera d'autres personnes à suivre ce chemin et à transformer leur vie pour le mieux.

Anonyme

Hommage à nos ancêtres

Nous sommes la continuation du Bouddha, tout comme l'élève est la continuation de son enseignant, et l'enfant celle de ses parents. Nous avons des ancêtres de sang, mais nous avons aussi des ancêtres spirituels. Le Bouddha est mon ancêtre spirituel – tout comme le sont les générations de maîtres et de pratiquants qui l'ont suivi et ont gardé ces précieux enseignements vivants. Je suis né d'eux, je suis leur continuation, je suis eux – en moi, ils sont vivants.

Je suis le Bouddha. J'ai accepté Siddhartha Gotama comme guide, mais je suis conscient qu'il existe de nombreux autres Bouddhas. Je reconnais également que je suis Ajahn Chah, je suis Ajahn Buddhadasa, je suis Shunryu Suzuki, et tous les milliers d'enseignants qui ont permis à ces enseignements de survivre pendant plus de 2 600 ans et d'être désormais à ma disposition. Ces enseignants, ces maîtres du Buddhadhamma, ont lutté contre l'oppression et les tentatives de les réduire au silence. Grâce à leurs efforts et à leurs luttes, nous pouvons aujourd'hui étudier ces précieux enseignements chez nous, de l'autre côté de l'océan.

Je m'incline avec gratitude envers tous ceux qui sont venus jusqu'à nos rivage depuis l'Asie, qui ont bâti des communautés bouddhistes (parfois en secret, par peur de la violence de la part de mes propres ancêtres), et qui ont joué un rôle essentiel pour que ces enseignements puissent s'enraciner et s'épanouis sur ces terres. Je m'incline avec humilité devant ce don du Dhamma, pour leur volonté de partager ses pratiques et ses enseignements transformateurs afin que je puisse en bénéficier. Sans mes ancêtres du Dhamma, je n'aurais pas eu accès à ces enseignements, et ils auraient été perdus, au lieu de vivre et de prospérer pour le bien de tous les êtres.

Il est important de nous connecter à nos ancêtres du Dhamma ; nous sommes leur continuation. Nous devons pratiquer le contact avec nos ancêtres tous les jours. Nos autels leur rendent hommage, comme un point de contact entre eux et nous. Un exemple : nous pouvons leur offrir de l'encens chaque jour – ils ne sentent pas l'encens, mais lorsque nous allumons le bâton, nous portons notre attention sur la présence de nos ancêtres. C'est une occasion de toucher nos ancêtres en nous. Cela peut nous aider à réaliser que nos ancêtres sont toujours vivants en nous, car nous sommes leur continuation.

Je prends refuge dans le Bouddha
Je prends refuge auprès d'autres Bouddhas
Je prends refuge auprès des Bodhisattvas,
    des Mahasattvas
Je prends refuge auprès de tous les
    enseignants et étudiants qui ont aidé le
    bouddhisme à survivre dans son berceau,
    l'Asie.

Je prends refuge auprès de tous ceux qui
ont apporté ces enseignements jusqu'à
mes rivages.

Je prends refuge auprès de tous mes ancêtres
spirituels, disciples du Buddhadhamma

Comment méditer
plus expérimenté

La méditation permet aux personnes qui pratiquent le bouddhisme d'évoluer et de dépasser les distractions qui se présentent, afin de pénétrer la nature plus profonde des choses. Les effets de votre pratique sont efficaces à plusieurs niveaux. Par exemple, on dit souvent que la pratique de la méditation aide à réduire la pression artérielle, le stress, l'anxiété, la dépression, l'insomnie, et même le vieillissement de notre cerveau. Elle améliore également les comportements cognitifs et émotionnels. La méditation sur l'amour bienveillant peut aider à résoudre vos problèmes de colère, ainsi que vos conflits interpersonnels (amour, famille ou amis). Cette pratique, que l'on appelle souvent metta, est essentielle pour une pratique équilibrée. Je vais vous expliquer à nouveau la méditation de base (un peu plus rapidement puisque je l'ai déjà présentée dans la section sur la méditation pour débutants), puis j'aborderai brièvement les obstacles que vous pourriez rencontrer lors de vos méditations, et je terminerai mes instructions par une pratique *de metta* – une pratique importante pour votre cœur et votre esprit.

Vous choisissez le moment qui vous convient le mieux pour méditer ; certaines personnes aiment méditer au réveil (cela peut être un bon moment, avant le service du déjeuner, alors que la plupart des gens dorment encore, ce qui aide à cultiver un environnement calme et tranquille, avec peu de mouvement), ou bien au moment du coucher (c'est un peu le même principe, sauf que les gens sont actifs et se préparent à dormir, ce qui peut entraîner du bruit provenant des téléviseurs dans leurs cellules). C'est vraiment à vous de choisir ce qui vous convient le mieux. Il n'y a pas de moment idéal selon moi, chacun a ses avantages (la méditation du soir peut nous aider à mieux dormir, tandis qu'une pratique matinale nous aide à commencer la journée de manière plus calme et équilibré). Choisissez vraiment ce qui fonctionne pour vous. Si vous ne savez pas, essayez une semaine le matin et une semaine le soir, et vous pourrez prendre une décision plus éclairée.

Idéalement, il est préférable de méditer quand on n'est pas fatigué, mais ce n'est pas toujours possible. Je sais qu'à l'arrivée, beaucoup de gars ne reçoivent pas les renouvellements de somnifères qu'ils avaient au niveau provincial, ce qui perturbe énormément leur sommeil. Il faut rester indulgent envers soi-même. De plus, ce n'est pas facile d'être incarcéré (séparé de sa famille, faire la paix avec ses crimes, travailler sur ses facteurs de risque, etc.), et avoir du mal à s'endormir est tout à fait normale.

Après avoir choisi le moment le plus propice pour votre pratique, adoptez une posture assise confortable (sur votre lit ou sur une chaise/tabouret). La posture classique de méditation consiste à croiser les jambes devant soi, les mains posées sur les genoux ou repliées devant vous – mais si cela n'est pas confortable et que vous passez toute votre méditation à bouger, essayez de trouver une position plus durable. Assurez-vous simplement que votre dos reste droit et que votre posture soit digne de la pratique.

L'essentiel est que vous soyez à l'aise et que vous puissiez respirer pleinement et profondément.

Détendez votre corps en adoptant une posture correcte qui vous permette de rester confortable et détendu pendant la médiation. Inclinez légèrement la tête vers l'avant ; si vous vous sentez en sécurité, vous pouvez fermer les yeux (si c'est trop difficile, vous pouvez les garder mi-clos et regarder le sol). Essayez de garder la poitrine ouverte pour faciliter la respiration. Vous pouvez aussi mettre votre langue contre votre palais et avaler votre salive. Cette succion aide à réduire la production de salive et le besoin de déglutir.

Concentrez-vous sur votre respiration ; respirez par le nez ; portez attention à chaque inspiration et expiration. Je porte toujours attention à mon abdomen qui se gonfle et se creuse (qui monte et descend) ; je suis simplement conscient de ma respiration, sans chercher à la contrôler. Inutile de porter votre attention sur l'abdomen si vous avez l'habitude d'observer la cage thoracique ou le nez ; l'important est de rester là où vous êtes le plus à l'aise. Restez concentré sur votre respiration. Le but est d'atteindre une certaine paix et tranquillité de l'esprit.

Laissez vos pensées aller et venir. Il est inévitable que des pensées surgissent, surtout au début, mais elles ne disparaissent jamais complètement – c'est plutôt leur intensité qui change avec le temps et l'expérience. Vous ne cherchez pas à arrêter vos pensées, vous les laissez apparaître, vous prenez conscience de leur présence, mais vous ne les alimentez pas (comme je vous le dis souvent, vous laissez passer le bus mais vous ne montez pas dedans). Le but n'est pas d'arrêter de penser, mais de faire en sorte que les pensées perdent leur pouvoir. Les pensées doivent quitter notre esprit d'elles-mêmes. La méditation n'est pas seulement une recherche de la paix intérieure (même si cela en fait partie) ; c'est une pratique qui nous aide à voir en profondeur et à comprendre ce qui se passe sous la surface.

En plus des pensées et émotions récurrentes, vous serez également confronté à d'autres obstacles qui peuvent compliquer votre méditation, comme la douleur due à une position assise prolongée, l'envie de dormir, les désirs, ou d'autres choses.

Alors, que faire lorsque vous vivez ces expériences ?

Douleur : si vous n'êtes pas à l'aise, ne bougez pas immédiatement. Observez votre corps et la douleur, explorez la sensation, imaginez que votre corps est un récipient vide et que vous êtes à l'extérieur. Si la douleur devient trop intense, vous pouvez vous lever pour faire une courte pause ou bouger doucement

pour soulager la douleur – mais toujours en
observant les sensations pendant le mouvement.

Désir : il se peut que vous ayez du mal à mettre de
côté vos envies de penser à des partenaires ou à des
objets que vous désirez. Restez conscient que les
désirs sont passagers ; si vous en satisfaites un, un
autre apparaîtra. Vous pouvez réfléchir à la nature
réelle de l'objet de votre désir : rappelez-vous qu'un
corps n'est que peau, os et chair.

Manque de sommeil ou préoccupation : remarquez
vos émotions, sans les alimenter. Ramenez votre
attention sur votre respiration ou les mouvements
de votre abdomen. Si une pensée est tenace et que
vous n'arrivez pas à vous en détacher, vous pouvez
écrire une petite note pour vous rappeler d'y revenir
plus tard.

Somnolence/fatigue : rappelez-vous pourquoi vous
méditez. Vous pouvez aussi imaginer une lumière
blanche entre vos sourcils pour augmenter votre
vigilance. Si vous réalisez que la fatigue est trop
forte, vous pouvez vous laver le visage à l'eau froide
ou méditer debout – mais si cela persiste, il vaut
peut-être mieux faire une petite sieste et réessayer
plus tard.

Au fil du temps, il est bon d'augmenter la durée
de vos méditations. Commencez par des séances
de cinq minutes, une fois par jour. Au début, les
cinq minutes vous sembleront longues et passeront

trop lentement, mais à mesure que vous progressez, vous trouverez ce temps plus facile. Vous pourrez ensuite augmenter par tranches de cinq minutes, jusqu'à atteindre 20 à 30 minutes si vous le souhaitez. L'important est de progresser graduellement.

La pratique de Metta

L'amour bienveillant fait partie intégrante de notre pratique bouddhiste. C'est une pratique qui vise à entraîner notre esprit à faire preuve de plus de bonté et de compassion. Il y a une autre section où j'explique plus en détail ce qu'est metta. Dans cette section, vous trouverez quelques méditations spécifiques sur metta.

Avec cette pratique, nous essayons de développer un sentiment de bienveillance envers :

- Nous-mêmes ;
- Un être cher que nous respectons (par exemple un guide spirituel) ;
- Un être cher (il est préférable de commencer avec quelqu'un qui ne nous attire pas sexuellement) ;
- Une personne neutre, envers qui nous n'éprouvons aucun sentiment particulier ;
- Une personne hostile (j'aime parfois penser à cette personne comme une personne difficile, car éprouver de l'amour bienveillant envers quelqu'un d'hostile peut sembler compliqué).

Vous commencez cette méditation après avoir pratiqué la respiration consciente (cela varie selon les personnes ; l'important est de sentir que votre esprit s'est calmé, qu'il est devenu plus ancré et plus tranquille). Lorsque vous vous sentez dans un état de contemplation et de concentration plus stable et plus profond, vous pouvez alors essayer d'envoyer de l'amour et du bonheur d'abord à vous-même, puis de diffuser ces souhaits aux quatre autres types de personnes.

Comment susciter ce sentiment de bienveillance ? Il existe trois techniques principales. La plus populaire consiste à répéter des phrases simples qui cultivent ce sentiment de bienveillance ; certaines personnes comparent ces phrases à des mantras.

Puis-je être heureux et en bonne santé.
Puis-je être calme et en paix.
Puis-je être protégé de tous les dangers.
Que mon esprit reste loin de la haine et que
mon cœur soit rempli d'amour.

Bien entendu, si ces phrases ne vous font rien, vous pouvez toujours les adapter avec vos propres mots, afin qu'elles aient plus de sens pour vous.

La visualisation est une autre technique courante. Vous créez une image mentale de vous-même ou de la personne à laquelle vous pensez. Vous visualisez cette personne heureuse et souriante.

La dernière technique est la réflexion : vous pensez aux bonnes actions et aux qualités de la personne à laquelle vous pensez. Vous vous concentrez sur le sentiment. Ce n'est pas la technique qui compte, mais l'émotion que vous faites naître. Lorsque le sentiment de bienveillance apparaît, vous vous concentrez sur lui. Lorsque le sentiment disparaît, vous revenez à la technique utilisée pour l'évoquer.

Vous vous exercez à rayonner un sentiment d'amour. Vous projetez vos sentiments et votre bien-veillance vers les quatre points cardinaux. Cela peut être plus facile si vous le faites en pensant à des per-sonnes que vous connaissez dans chaque direction vers laquelle vous envoyez votre amour. Le but n'est pas seulement de répandre l'amour avec cette méth-ode spécifique, mais simplement de faire rayonner un sentiment d'amour inconditionnel partout.

Pour cet amour sans limites ni directions, vous pouvez réciter des phrases plus adaptées à cet exercice.

Par exemple:

Je souhaite que tous les êtres humains soient en sécurité, heureux, en bonne santé, et vivent dans la joie.

Je souhaite que tous les êtres soient heureux, en sécurité, en bonne santé, et vivent dans la joie.

N'oubliez pas que lorsque vous êtes capables de faire rayonner votre bienveillance dans toutes les directions, vous l'envoyez à tout le monde. Cela inclut vos agresseurs, vos oppresseurs, vos victimes, vos codétenus (peu importe leurs délits ou crimes), toutes les personnes incarcérées (peu importe leurs délits ou crimes), les agents de sécurité, les intervenants (psychologues, agents d'entretien, travailleurs sociaux, agents de probation), etc. TOUT LE MONDE! Lorsque votre cœur est capable de faire rayonner ces souhaits, vous êtes libre.

La méditation marchée

La méditation marchée, appelée kinhin dans la tradition zen japonaise, est une technique de méditation qui consiste à marcher tout en méditant. En général, la pratique commence par la méditation assise, mais parfois, il peut être très difficile de méditer sans bouger si notre esprit est agité ou préoccupé – dans ces moments-là, la méditation marchée peut être très bénéfique. C'est également une bonne manière active d'intégrer la pleine conscience dans la vie quotidienne. Une pratique régulière nous aide à nous sentir ancrés et équilibrés. Donc, si l'environnement est trop bruyant ou perturbé dans le pavillon ou dans votre rangée, vous pouvez toujours aller vous promener dans la cour. L'important est de méditer et de continuer la pratique, même avec toutes les distractions présentes.

La plupart des techniques de méditation nous demandent de rester assis sans bouger, mais la méditation marchée nous invite à bouger le corps et de travailler à rapprocher le corps et l'esprit pour atteindre un équilibre émotionnel et physique. Cette technique est parfaite pour ceux qui ont du mal à rester assis sans bouger pendant les séances de méditation. Si les distractions deviennent trop nombreuses ou si nous ressentons beaucoup de douleur à force de rester assis, ce changement est une bonne chose. C'est vraiment un excellent complément à la méditation assise.

Alors, comment méditer en marchant ? Avant de commencer, assurez-vous d'avoir suffisamment d'espace – c'est pourquoi je recommande la cour. Si la grande cour est ouverte, c'est mieux, car marcher sans distractions sera beaucoup plus compliqué dans la petite cour. Si vous le faites dans votre cellule (ce qui est également possible, même si huit pieds ne permettent pas beaucoup de pas, ce qui peut devenir une distraction en soi), assurez-vous que votre espace de marche n'est pas encombré. La grande cour est idéale, car vous pouvez simplement faire le tour (ou créer un petit circuit pour vous-même, tant que cela ne gêne pas les autres qui marchent).

Choisissez un pied, soulevez-le, déplacez-le dans l'espace, puis posez-le soigneusement sur le sol devant vous. Ressentez les sensations de chaque étape du mouvement, du talon jusqu'aux orteils, et répétez avec l'autre pied. C'est une méditation détendue. N'oubliez pas de respirer – cela vous aidera à rester concentré.

Assurez-vous de marcher avec intention. Vous remarquerez rapidement à quel point vous marchez souvent en mode pilote automatique (avant ma pratique, je n'étais jamais conscient de mes pieds, comme si je flottais vers l'avant, poussé par une force dans la direction souhaitée). Je sais que cela semble étrange au début de marcher avec autant d'intention – mais c'est essentiel si vous voulez vraiment tirer profit de cette pratique. Vous marcherez librement, mais en pleine conscience.

Vous devez vous permettre de remarquer, de

prendre conscience du contact de vos pieds avec le sol, et de porter attention aux sensations physiques qui traversent votre corps à chaque pas (cela peut même être, par exemple, le vent qui effleure vos bras ou vos jambes). Cela vous aide à vous ancrer dans le moment présent pendant que votre corps est en mouvement. Accueillez simplement les sensations pendant que vous marchez, sans porter de jugement.

Prenez conscience de votre environnement : sentez si l'air qui touche votre corps est chaud ou froid, écoutez les sons ambiants des oiseaux, des autres autour de vous, etc. Y a-t-il une odeur dans l'air ? Faire l'inventaire de ces petits détails vous aidera à marcher en pleine conscience.

Remarquez si votre esprit vagabonde ou se perd dans ses histoires. Si c'est le cas, ramenez votre attention à votre respiration et aux sensations de vos jambes et de vos pieds en contact avec le sol. Revenez encore et encore, si nécessaire. L'important est de revenir au moment présent, sans jugement et toujours avec bienveillance envers vous-même. Avec le temps, cette pratique deviendra plus facile. À travers cette expérience physique, vous plongerez plus profondément dans un état méditatif.

On me demande souvent à quelle vitesse il faut marcher. Cela dépend de chacun. L'important est de trouver un rythme qui vous permet d'être pleinement présent. Dans les traditions zen vietnamienne et japonaises Soto, la marche est très lente. Dans le zen japonais Rinzai, c'est presque de la course. Vous pouvez expérimenter différents rythmes, sans trop vous concentrer sur la vitesse. J'espère que cette pratique deviendra pour vous une nouvelle opportunité de pratiquer et d'être dans le moment présent de manière plus continue.

Fêtes bouddhistes

Comme toutes les religions et voies spirituelles, le bouddhisme comporte des fêtes tout au long de l'année. Les célébrations varient selon la tradition. Voici une liste de base des principales fêtes que vous pourriez souhaiter souligner au cours de l'année. J'ai choisi de ne mentionner que les fêtes les plus largement célébrées dans le monde bouddhiste. Si vous approfondissez votre pratique et souhaitez explorer les traditions culturelles propres à une lignée particulière du bouddhisme, vous pouvez toujours contacter le représentant bouddhiste de votre région pour en savoir plus sur les fêtes spécifiques à votre tradition. Certaines accommodations peuvent être envisagées pour les célébrations ; il est important de consulter votre représentant bouddhiste ou l'aumônier spirituel de votre établissement pour savoir ce qui est possible en fonction du niveau de sécurité où vous vous trouvez. En prison, nous devons parfois nous contenter du minimum. Tous les établissements ne seront pas aussi accommodants qu'ils le devraient – c'est une excellente occasion pour nous de pratiquer le lâcher-prise et de renouveler notre engagement à être patients et tolérants lorsque nous sommes confrontés à des difficultés.

Mahayana *(Chine, Japon, Corée, Vietnam)*
- Janvier – Nouvel An lunaire – premier jour après la nouvelle lune.

- 15 février – Nehan-e (Jour du Nirvana), commémoration de la mort du Bouddha.
- 8 mai – Anniversaire du Bouddha.
- 26 août – Jour de Jizo – Jizo (également connu sous le nom de Ksitigharba) est le Bodhisattva qui sauve les êtres souffrants dans le monde souterrain, protège les enfants et veille sur les défunts.
- 8 décembre – Jour de la Bodhi, célébration de l'éveil du Bouddha.

Theravada (*Sri Lanka, Inde, Bangladesh, Thaïlande, Myanmar, Cambodge, Laos*)

- 5 février – Magha (Jour de la Sangha) – commémore le rassemblement spontané de 1 250 arahants (moines éveillés) à qui le Bouddha a enseigné les bases de la discipline.
- Avril – Nouvel An Theravada – célébration de trois jours après la première pleine lune d'avril.
- Mai – Vesak – le jour le plus important de l'année pour tous les bouddhistes. Elle commémore la naissance, l'éveil et la mort du Bouddha. Toujours célébrée lors de la première pleine lune du mois de mai. Appelée Wesak dans la tradition Mahayana et Saga Dawa dans la tradition Vajrayana.
- Juillet – Asalha Puja (Jour du Dhamma) – célébrée lors de la pleine lune de juillet, elle marque le premier enseignement du Bouddha aux cinq moines à Deer Park.

Vajryana *(Tibet, Bhoutan, Népal, Inde, Chine, Japon)*
- Première pleine lune de février – Losar (Nouvel An tibétain)
- 6 juillet – Anniversaire de sa sainteté le Dalaï Lama

Lectures complémentaires

Voici quelques suggestions de lectures complémentaires. Ce sont mes recommandations, mais n'hésitez pas à consulter votre représentant bouddhiste pour savoir s'il existe d'autres livres qui pourraient mieux vous convenir. Soyez curieux, lisez les livres qui vous parlent, laissez-les vous inspirer à devenir meilleur et plus dévoué à votre pratique et votre chemin spirituel.

Stephen Batchelor
- *Le bouddhisme libéré des croyances*
- *Itinéraire d'un bouddhiste athée*

Bhikkhu Bodhi
- *Le noble octuple sentier : la voie vers la fin de la souffrance*
- *Noble Truths, Noble Path: The Heart Essence of the Buddha's Original Teachings (anglais seulement)*

Buddhadasa Bhikkhu
- *Le cœur du message du Bouddha*
- *Seeing with the Eye of the Dhamma: The Comprehensive Teaching of Buddhadasa Bhikkhu (anglais seulement)*

Ajahn Chah
- *Les enseignements d'un maître bouddhiste de la tradition de la forêt T.1 : Vertu et méditation*
- *Les enseignements d'un maître bouddhiste de la tradition de la forêt T.2 : Méditation et sagesse*

- *Être ce qui est : l'essence des enseignements du Bouddha*

Pema Chödrön
- *Conseils d'une amie pour des temps difficiles : quand tout s'effondre*
- *Les bastions de la peur : pratique du courage dans les moments difficiles*

Jack Kornfield
- *Périls et promesses de la vie spirituelle*
- *Après l'extase, la lessive : La spiritualité à la portée de tous*
- *La sagesse du coeur : la méditation à la portée de tous*

Stephen Levine
- *A Gradual Awakening (anglais seulement)*
- *A Year to Live: How to Live This Year as If It Were Your Last (anglais seulement)*

Jarvis Jay Master
- *That Bird Has My Wings: The Autobiography of an Innocent Man on Death Row (anglais seulement)*
- *Méditations d'un condamné : comment le couloir de la mort a ouvert mon Coeur*

Shunryu Suzuki
- *Esprit zen, esprit neuf*

Thich Nhat Hanh
- *Le cœur des enseignements du Bouddha*
- *La colère : transformer son énergie en sagesse*
- *La sérénité de l'instant : Illuminer le quotidien et vivre dans le moment présent*

Soutra de la sagesse
qui nous mène à l'autre rive
(*Soutra du Coeur*)[20]

Traduction de Thich That Hanh

« Avalokiteshvara, en pratiquant profondément la sagesse qui nous mène à l'autre rive, découvrit soudainement que les cinq skandhas sont tous pareillement vides.

Après cette réalisation il dépassa toute souffrance.

« Ecoute, Shariputra : ce corps-même est le vide, et le vide-même est ce corps.

Ce corps n'est autre que le vide, et le vide n'est autre que ce corps.

Il en va de même pour les sensations, les perceptions, les formations mentales et la conscience.

« Ecoute, Shariputra : tous les phénomènes portent l'empreinte du vide, leur nature véritable n'est ni la naissance ni la mort, ni l'être ni le non-être, ni la pureté ni l'impureté, ni la croissance ni la décroissance.

C'est pourquoi, dans le vide, le corps, les sensations, les perceptions, les formations mentales et la conscience, ne sont pas des entités dotées d'un

20 Ce soutra, traduite par Thich Nhat Hanh (2014) est sous licence Creative Commons Attribution - Pas d'Utilisation Commerciale 4.0 International

soi séparé.

« Les dix-huit domaines, que sont les six organes des sens, les six objets des sens et les six consciences, ne sont pas non plus des entités dotées d'un soi séparé.

Les douze liens de la co-émergence interdépendante et leur extinction ne sont pas non plus des entités dotées d'un soi séparé.

Le mal-être, les causes du mal-être, la fin du mal-être, la compréhension et la réalisation ne sont pas non plus des entités dotées d'un soi séparé.

« Quiconque peut voir ceci ne voit plus aucun objet à atteindre, et les Bodhisattvas qui pratiquent la sagesse qui nous mène à l'autre rive ne voient plus aucun obstacle dans leur esprit, ils dépassent toute peur, ils détruisent toute perception erronée et réalisent le parfait nirvana.

« Tous les Bouddhas du passé, du présent et du futur, en pratiquant la sagesse qui nous mène à l'autre rive, sont tous capables d'atteindre l'illumination authentique et parfaite.

« Ainsi, Shariputra, nous devons savoir que la sagesse qui nous mène à l'autre rive est un grand mantra, le plus lumineux des mantras, le plus élevé des mantras, un mantra au-delà de toute comparaison, la sagesse véritable qui a le pouvoir de mettre fin à toutes les souffrances.

« Ainsi, proclamons un mantra en éloge à la sagesse qui nous mène à l'autre rive : Gate gate paragate parasamgate bodhi svaha ! »

Paroles du Bouddha
sur la bienveillance
(*Karaniya Metta Sutta*)

traduit du Pali par
l'Association de méditation Parami

[Voici] ce qui doit être fait par la personne apte à la
  bonté
et qui sait atteindre l'état de paix parfaite:
[qu'elle soit] honnête, droite, très droite et
  accommodante,
gentille et sans arrogance.
Contentée, facilement satisfaite,
peu obligée et frugale,
sereine et sensée,
humble et sans parti pris;
[Elle] ne ferait quoi que ce soit
que d'autres sages déploreraient.
Que tous les être soient heureux et se sentent en
  sécurité,
Qu'ils soient profondément heureux!
Que tous les êtres vivants, quels qu'ils soient,
les faibles ou les forts, sans exception,
les grands et les puissants,
les moyens, les petits, les minuscules,
visibles ou invisibles,
proches et lointains,
nés et à naître,

que tous les êtres soient profondément heureux!

Qu'elle ne trompe jamais autrui,

[ni] ne méprise personne, quelle qu'elle soit.

Qu'on la provoque ou qu'elle perçoive de la résistance,

qu'elle ne souhaite aucun mal à autrui.

Comme une mère avec un enfant

au péril de sa vie protège son seul enfant,

de même envers tous les êtres,

elle développe un coeur sans limites.

Bienveillante pour le monde entier,

elle maintient son coeur ouvert à l'infini,

vers le haut, vers le bas et tout autour,

sans limites, sans malice et sans frein.

Debout, en marchant, assise,

ou couchée, tant qu'elle est éveillée,

elle est résolue à poursuivre cette attention.

C'est ce que l'on appelle « demeurer dans un état
   divin ».

Sans se laisser piéger par les croyances erronées,

dotée d'éthique et de vision pénétrante,

libérée des désirs sensoriels,

elle ne renaîtra plus jamais [dans ce monde].

Prière à l'heure du repas

Cette nourriture est le don de l'univers entier,
Chaque bouchée est un sacrifice de vie,
Puissé-je en être digne.
Que l'énergie de cette nourriture,
Me donne la force,
De transformer mes qualités négatives
    en qualités bénéfiques.
Je suis reconnaissant pour cette nourriture,
Puis-je réaliser le Chemin de l'Éveil,
Pour le bien de tous les êtres.
Les joies et les peines de tous les êtres
    sont présentes dans le don de cette nourriture.
Accueillons-la avec amour
et gratitude...
Et en pensant à nos frères et sœurs
    parmi tous les êtres vivants
    qui ont faim ou qui sont sans abri,
    malades ou blessés,
    ou qui souffrent de quelque manière que ce soit.

Auteur inconnu

Prière « Metta »

Puissent tous les êtres être heureux, satisfaits et en sécurité.

Puissent toutes les créatures vivantes, sans aucune exception,

Qu'elles soient en mouvement ou immobile,

Qu'elles soient grandes, moyennes, petites ou minuscules,

Qu'elles soient visibles ou invisibles, proches ou lointaines,

Qu'elles soient nées ou à naître,

Puissent toutes ces créatures être heureuses.

Que personne, en aucun lieu, ne déçoive ni ne méprise autrui.

Que personne, par colère ou haine, ne souhaite de mal à autrui.

Comme une mère, au péril de sa vie, veille sur son unique enfant et le protège,

Puis-je regarder les autres avec un esprit ouvert,

Puis-je aimer les créatures du monde entier sans limites,

Au-dessus, en dessous et tout autour,

Sans restriction ni obstacle, sans nuire ni haïr.

Debout ou en marchant, assis ou allongé, tant que je suis éveillé,

Puis-je cultiver ces pensées.

Prière pour la paix

attribuée à Lao Tseu

S'il doit y avoir la paix dans le monde,
Il doit y avoir la paix entre les nations.
S'il doit y avoir la paix entre les nations,
Il doit y avoir la paix dans les villes.
S'il doit y avoir la paix dans les villes,
Il doit y avoir la paix entre voisins.
S'il doit y avoir la paix entre voisins,
Il doit y avoir la paix dans la maison.
S'il doit y avoir la paix dans la maison,
Il doit y avoir la paix dans le cœur.

Prière du bodhisattva
pour l'humanité

Puis-je être un gardien pour ceux qui ont besoin de
protection,
Un guide pour ceux qui sont sur le chemin,
Un bateau, un radeau, un pont pour ceux qui
souhaitent traverser le flot.
Puis-je être une lampe dans l'obscurité,
Un lieu de repos pour les fatigués,
Un remède guérisseur pour tous ceux qui sont
malades,
Un vase d'abondance, un arbre de miracles.
Et pour les multitudes infinies d'êtres vivants,
Puis-je apporter nourriture et éveil,
Durable comme la terre et le ciel,
Jusqu'à ce que tous les êtres soient libérés de la
souffrance,
Et que tous soient éveillés.

Shantideva, sage bouddhiste indien,
vers 700 de notre ère.
(Prière récitée chaque matin par
Sa Sainteté le Dalaï Lama)

Prière pour le bonheur et le salut de votre famille et de vos amis

Puis-je demeurer dans la joie, le bien-être et la paix.

Puissent mes enseignants demeurer dans la joie, le bien-être et la paix.

Puissent mes parents demeurer dans la joie, le bien être et la paix.

Puissent mes proches demeurer dans la joie, le bien être et la paix.

Puissent mes amis demeurer dans la joie, le bien-être et la paix.

Puissent les inconnus demeurer dans la joie, le bien être et la paix.

Puissent les peuples hostiles demeurer dans la joie, le bien-être et la paix.

Puissent ennemis demeurer dans la joie, le bien-être et la paix.

Puissent tous les êtres demeurer dans la joie, le bien être et la paix.

Générer les quatre incommensurables

Que tous les êtres soient heureux,
Que tous soient libérés de la souffrance,
Que nul ne soit jamais séparé du bonheur,
Que tous possèdent l'équanimité, libre de la
haine, et de l'attachement.

Prière bouddhiste traditionnelle

Puissent tous les êtres obtenir le bonheur et les
causes du bonheur ;
Puissent tous les êtres être libérés de la souffrance et
des causes de la souffrance ;
Puissent-ils connaître le bonheur parfait, libre de
toute souffrance ;
Et vivre dans l'équanimité, sans attachement ni
d'aversion,
En croyant en l'égalité de tout ce qui vit.

Auteur inconnu

Générer la bodhicitta

Puis-je, par les vertus que j'accumule à travers le don
    et les autres perfections,
Devenir un Bouddha pour le bien de tous. (3x)

Remerciements

Je tiens d'abord à remercier tous les hommes et toutes les femmes que j'ai rencontrés dans les différents pénitenciers où j'ai travaillé. C'est vous qui m'avez inspiré à écrire ce livre pour vous, merci.

Je tiens à remercier mes collègues Drenpa et Akutobhaya, intervenantes spirituels bouddhistes à travers le Canada. Nos conversations au fil des années ont nourri ces pages, semant des graines qui ont fleuri dans ce petit livre.

Je remercie mes enseignants, les Vénérables Pannavati et Pannadipa. Leur sagesse et leurs enseignements sont un don qui doit être partagé et diffusé entre les murs, car ces enseignements sont une carte vers la libération du cœur et de l'esprit. Le bonheur ne perd jamais de sa valeur quand on le partage.

Merci à mon coach d'écriture, Josh Bartok, dont les conseils ont contribué créer le livre que vous tenez entre vos mains en ce moment.

Merci à mon coach d'écriture, Josh Bartok, dont les conseils ont contribué à créer le livre que vous tenez entre vos mains en ce moment.

Merci à Karma Yönten Gyatso et Brigitte Robert pour leur travail généreux et ardu avec ce projet. Merci aussi à Sumeru Books pour leur généreux support.

Merci à ma partenaire pour son soutien durant cette période de création.

Merci à mes kalyanamittas, mes amis sur le chemin bouddhiste, ma sangha choisie. Vous savez qui vous êtes – sans vous, ce chemin serait bien plus solitaire et difficile.

Acharya Samaneti

Acharya Samaneti est un accompagnateur spirituel
en milieu carcéral, philosophe, amoureux de l'écrit
et chercheur de vérité. La vie contemplative l'a
appelé très tôt dans sa vie ; enfant unique, Samaneti
a trouvé du réconfort dans le silence, la réflexion
et l'investigation personnelle. Samaneti souhaite
témoigner de l'universalité de la souffrance et
des gestes d'amour qui éveillent les cœurs. Cette
mission le conduit à travailler auprès des personnes
incarcérées et d'autres populations marginalisées.

Trois Joyaux

Tous les bouddhistes se réfugient dans les Trois Joyaux
pour être guidés sur le chemin, à savoir :

1. Bouddha (l'exemple)
2. Dhamma (les enseignements)
3. Sangha (la communauté des praticiens)

Les quatre nobles vérités

Le premier enseignement fondamental du Bouddha
sur la nature de notre expérience et de notre
potentiel spirituel.

1. L'existence de dukkha
2. L'origine de dukkha
3. La cessation de dukkha
4. Le chemin vers la cessation de dukkha

Le noble chemin octuple

Le chemin que le Bouddha a enseigné à ceux
qui recherchent la libération/l'illumination

1. Vision juste
2. Intention juste
3. Discours juste
4. Action juste
5. Moyens de subsistance juste
6. Effort juste
7. La pleine conscience juste
8. Concentration juste

Cinq préceptes

Normes de conduite qui constituent
le fondement d'une vie éthique

S'abstenir de :
1. Meurtre
2. Vol
3. Inconduite sexuelle
4. Discours faux, dur et futile
5. Les substances intoxicantes qui troublent
   l'esprit

Portes aux six sens et les trois tonalités de sensation

Tout ce que vous vivez passe par ces portes.

1. Oeil (voir)
2. Oreille (entendre)
3. Nez (odorat)
4. Langue (dégustation)
5. Corps (toucher)
6. Esprit

L'expérience est ressentie comme l'un de ces tons

1. Agréable
2. Désagréable
3. Neutre

Les quatre Brahma-Viharas

Les quatre attitudes sublimes reflètent
l'état d'esprit de l'illumination

1. Amour bienveillant (Metta)
2. La compassion (Karuna)
3. Joie (Mudita)
4. Équanimité (Upekkha)

Quatre phrases de Metta

Les quatre phrases ou mots traditionnels qui sont traditionnellement utilisés pour envoyer de la bienveillance à tous les êtres vivants

1. Puis-je être libre du danger
2. Puis-je être heureux
3. Que je sois en bonne santé
4. Puis-je être à l'aise

Les six étapes de Metta

Vos cercles d'êtres vivants que vous élargissez vos souhaits de bienfaisance

1. Toi-même
2. Un bon ami
3. Une personne neutre
4. Une personne difficile
5. Tous les quatre
6. Tous les êtres vivants

Cinq obstacles

Les obstacles courants à la pratique de la méditation

1. Désir, attachement, envie
2. Aversion, colère, haine
3. Somnolence, paresse
4. Agitation
5. Doute

Les six racines saines et malsaines de l'esprit

1. Générosité
2. Amour
3. Sagesse
4. Avidité
5. Haine
6. Illusion

Les trois types de Dukkha

Le Bouddha nous a enseigné que
nous pouvons comprendre différents types de dukkha
à travers ces catégories

1. Le dukkha de la douleur
2. Le dukkha du changement
3. Le dukkha de la conditionnalité

Les trois signes de l'existence

Le Bouddha a découvert trois vérités universelles que
toutes choses possèdent, à savoir :

1. Annica (impermanent - tout dans la vie est
   impermanent, toujours en changement)
2. Dukkha (insatisfaisant - parce que rien n'est
   permanent, une vie basée sur la possession
   de choses ne vous rend pas heureux)
3. Anatta (pas d'âme - il n'y a pas de soi
   éternel et immuable, nous sommes une
   collection de caractéristiques ou d'attributs
   changeants)

Temple de la Mahabodhi, Bodhgaya, Inde
Là où le Bouddha Shakyamuni a atteint l'Éveil